【晉】杜　預撰　【唐】陸德明　音義
年表【□】□　□撰　名號歸一圖【後蜀】馮繼先　撰

武英殿仿
相臺岳氏本五經
春秋經傳集解　二

上海古籍出版社

本冊目録

春秋經傳集解僖公上第五

僖公名申。莊公之子。閔公庶兄。母成風。諡法。小心畏忌曰僖。

盡十五年

經元年春王正月。齊師宋師曹伯次于聶北。齊帥諸侯之師救邢。次于聶北者。案兵觀釁以待事也。次例在莊三年。聶北。邢地。○聶女輒反

夏六月。邢遷于夷儀。邢遷如歸。故以自遷爲文。夷儀。邢地。

齊師宋師曹師城邢。傳例曰。救患分災。禮也。一事而再列三國。於文不可言諸侯師故。

秋七月。戊辰。夫人姜氏薨于夷。

齊人以歸傳在閔二年。不言齊人殺。諱之。書地者。明在外薨楚人伐鄭荆始改號曰楚八月。公會齊侯宋公鄭伯曹伯邾人于檉檉。宋地。陳國陳縣西北有檉城。公及其會。而不書盟。還不以盟告。○檉勑呈反九月。公敗邾師于偃偃。邾地冬十月壬午。公子友帥師敗莒師于酈。獲莒挐酈。魯地。挐。莒子之弟。不書弟者。非卿。非卿則不應書。嘉季友之功。故特書其所獲。大夫生死皆曰獲。獲例在昭二十三年。○酈力知反挐女居反。又女加反十有二月丁巳。夫人氏之喪至自齊僖公請而葬之。故告於廟而書喪至也。齊侯既殺哀姜。以其尸

歸。絕之於魯。僖公請其喪而還。不稱姜。闕文

傳元年。春。不稱即位。公出故也。國亂。身出復入。故即位之禮有闕公出復入不書。諱之也。諱國惡禮也。掩惡揚善。義存君親。故通有諱例。皆當時臣子率意而隱。故無深淺常準。聖賢從之以通人理。有時而聽之可也諸侯救邢。實大夫而曰諸侯。揔衆國之辭邢人潰。出奔師。奔聶北之師也。邢潰不書。不告也師遂逐狄人。具邢器用而遷之。師無私焉。皆撰具還之。無所私取。○撰仕轉反夏。邢遷于夷儀。諸侯城之。救患也。凡侯伯救患。

分災討罪禮也。侯伯，州長也。分，穀帛。○分，甫問反，又如字。秋，楚人伐鄭，鄭即齊故也。盟于犖，謀救鄭也。犖即檉也，地有二名。○犖音洛。九月，公敗邾師于偃，虛丘之戍將歸者也。虛丘，邾地。邾人既送哀姜還，齊人殺之，因戍虛丘，欲以侵魯。公以義求齊，齊送姜氏之喪，邾人懼，乃歸，故公要而敗之。○虛，起居反。要，於遙反。冬，莒人來求賂。求還慶父之賂。公子友敗諸酈，獲莒子之弟挐。非卿也。嘉獲之也。莒既不能爲魯討慶父，受魯之賂，而又重來，其求無猒，故嘉季友之獲而書之。○重，直用反。公賜季友汶陽之田及費汶陽田。汶水北地。汶水出泰山萊蕪縣。西入濟。費音祕 夫人氏之喪至自齊。君子以齊人之殺哀姜也爲已甚矣。女子從人者也言女子有三從之義。在夫家有罪。非父母家所宜討也

經。二年春。王正月。城楚丘楚丘。衞邑。不言城衞。衞未遷 夏五月辛巳。葬我小君哀姜無傳。反哭成喪。故稱小君。例在定十五年 虞師晉師滅下陽下陽。虢邑。在河東大陽縣。晉於此始赴。見經。滅例在襄十三年。大音泰。一如字 秋九月。齊侯宋公江人黃人。盟于貫貫。宋地。梁國蒙縣西北有貫城。貫與貫字相似。江國在汝南安陽縣

乾隆四十八年

○貰市夜反。又音世冬十月。不雨。傳在三年楚人侵鄭

傳二年。春。諸侯城楚丘而封衛焉。君死國滅。故傳言封不書所會。後也。諸侯既罷。而魯後至。諱不及期。故以獨城爲文晉荀息請以屈產之乘與垂棘之璧假道於虞以伐虢。荀息。荀叔也。屈地生良馬。垂棘出美玉。故以爲名。四馬曰乘。自晉適虢。途出於虞。故借道。○屈求勿反。又居勿反。乘繩證反公曰。是吾寶也。對曰。若得道於虞。猶外府也。公曰。宮之奇存焉。宮之奇。虞忠臣對曰。宮之奇之爲人也。懦而不能強諫。

懦。弱也。懦乃亂反。又乃貨反。強其良反。又其丈反。且少長於君。君暱之。雖諫將不聽。親而狎之。必輕其言。少詩照反。長丁丈反。暱女乙反。乃使荀息假道於虞。曰。冀為不道。入自顛軨。伐鄍三門。前是冀伐虞至鄍。鄍。虞邑。河東大陽縣東北有顛軨坂。軨音零。坂音反。冀之既病。則亦唯君故。言虞報伐冀使病。將欲假道。故稱虞彊。以說其心。冀。國名。平陽皮氏縣東北有冀亭。今虢為不道。保於逆旅。逆旅。客舍也。虢稍遣人分依客舍。以聚衆抄晉邊邑。抄初教反。又楚稍反。強取物。以侵敝邑之南鄙。敢請假道。以請罪于虢。問虢伐己。以何罪。虞公許之。且請先伐虢。喜於厚賂。而欲求媚。宮之奇諫。不聽。遂起師。夏。晉里克荀息帥師會虞師伐虢。滅下陽。晉猶主兵。不信虞。先書虞賄故也。虞非倡兵之首而先書之。惡貪賄也。秋盟于貫。服江黃也。江。黃。楚與國也。始來服齊。故爲合諸侯。齊寺人貂始漏師于多魚。寺人內奄官。豎貂也。多魚地名。闕。齊桓多嬖寵。內則如夫人者六人。外則幸豎貂易牙之等。終以此亂國。傳言貂於此始擅貴寵。漏洩桓公軍事。爲齊亂張本。○寺如字。又音侍　虢公敗戎于桑田。桑田。虢地。在弘農陝縣東北。晉卜偃曰。虢必亡矣。亡下陽不懼。而又有功。是天奪之鑒鑒所以自照而益其疾也驕則生疾必易晉而不撫其民矣。不可以五稔。稔。熟也。爲下五年晉滅虢。張本。○易以豉反冬。楚人伐鄭。鬭章囚鄭聃伯經書侵。傳言伐。本以伐興。權行侵掠。爲後年楚伐鄭鄭伯欲成張本。○聃乃甘反。掠音亮

經三年。春王正月。不雨。夏四月。不雨。一時不雨則書首月。傳例曰。不曰旱。不爲災徐人取舒無傳。徐國在下邳僮縣東南。舒國今廬江舒縣。勝國而不用大師亦曰取。例在襄十三年六月。雨。示旱不竟夏秋。

齊侯宋公江人黃人會于陽穀陽穀，齊地，在東平須昌縣北。冬，公子友如齊涖盟。涖，臨也。涖音利，又音類。楚人伐鄭。

傳三年春，不雨，夏六月雨，自十月不雨至于五月，不曰旱，不爲災也。周六月，夏四月，於播種五稼無損。秋，會于陽穀，謀伐楚也。二年楚侵鄭故。齊侯爲陽穀之會來尋盟。冬，公子友如齊涖盟。公時不會陽穀，故齊侯自陽穀遣人詣魯求尋盟。魯使上卿詣齊受盟，謙也。楚人伐鄭，鄭伯欲成孔叔不可曰齊方勤我孔叔鄭大夫勤恤鄭難弃德不祥祥善也齊侯與蔡姬乘舟于囿蕩公蔡姬齊侯夫人蕩搖也囿苑也蓋魚池在苑中公懼變色禁之不可公怒歸之未絕之也蔡人嫁之爲明年齊侵蔡傳

經四年春王正月公會齊侯宋公陳侯衛侯鄭伯許男曹伯侵蔡蔡潰民逃其上曰潰例在文三年遂伐楚次于陘遂兩事之辭楚强齊欲綏之以德故不速進而次陘陘楚地潁川召陵縣南有陘亭○陘音刑夏許男新臣卒未同盟而赴以名楚

屈完來盟于師。盟于召陵。屈完，楚大夫也。楚子遣完如師以觀齊。屈完觀齊之盛，因而求盟，故不稱使，以完來盟爲文。齊桓退舍以禮楚，故盟召陵。召陵，潁川縣也。齊人執陳轅濤塗。轅濤塗，陳大夫。秋，及江人、黃人伐陳。受齊命討陳之罪，而以與謀爲文者，時齊不行，使魯爲主，與謀例在宣七年。八月，公至自伐楚。無傳。告于廟。葬許穆公。冬，十有二月，公孫茲帥師會齊人、宋人、衛人、鄭人、許人、曹人侵陳。公孫茲，叔牙子叔孫戴伯。

傳四年春，齊侯以諸侯之師侵蔡。蔡潰，遂伐楚。楚子使與師言曰。君處北海。寡人處南海。唯是風馬牛不相及也楚界猶未至南海。因齊處北海。遂稱所近。牛馬風逸。蓋末界之微事。故以取喻不虞君之涉吾地也。何故。管仲對曰。昔召康公命我先君大公召康公周大保召公奭也曰。五侯九伯。女實征之。以夾輔周室五等諸侯。九州之伯。皆得征討其罪。齊桓因此命以夸楚。○女音汝賜我先君履。東至于海。西至于河。南至于穆陵。北至于無棣穆陵。無棣。皆齊竟也。履。所踐履之界。齊桓又因以自言其盛。○棣大計反爾貢包茅不入王祭不共無以縮酒寡人是徵包裹束也茅菁茅也束茅而灌之以酒爲縮酒尚書包匭菁茅茅之爲異未審○共音恭昭王南征而不復寡人是問昭王成王之孫南巡守涉漢船壞而溺周人諱而不赴諸侯不知其故故問之對曰貢之不入寡君之罪也敢不共給昭王之不復君其問諸水濱昭王時漢非楚竟故不受罪師進次于陘楚不服罪故復進師夏楚子使屈完如師如陘之師觀強弱師退次于召陵完請盟故齊侯陳諸侯之師與屈完乘而觀之乘共載○

乘繩證反齊侯曰。豈不穀是爲先君之好是繼。與不穀同好如何言諸侯之附從。非爲己。乃尋先君之好。謙而自廣。因求與楚同好。孤寡不穀。諸侯謙稱。爲于僞反稱尺證反對曰。君惠徼福於敝邑之社稷。辱收寡君。寡君之願也。齊侯曰。以此衆戰。誰能禦之。以此攻城。何城不克。對曰。君若以德綏諸侯。誰敢不服。君若以力。楚國方城以爲城。漢水以爲池。方城山在南陽葉縣南。以言竟土之遠。漢水出武都。至江夏南入江。言其險固。以當城池。徼古堯反。要也葉始涉反當丁浪反雖衆無所用之。屈完及諸侯盟。陳轅濤塗謂鄭申侯曰。師出於陳鄭之閒。國必甚病申侯。鄭大夫。當有共給之費。故若出於東方。觀兵於東夷。循海而歸。其可也。東夷。郯。莒。徐夷也。觀兵。示威申侯曰。善。濤塗以告齊侯。許之。許出東方申侯見曰。師老矣。若出於東方而遇敵。懼不可用也。若出於陳鄭之閒。共其資糧屝屨。其可也。屝。草屨。○見賢遍反屝符費反齊侯說。與之虎牢。還以鄭邑賜之執轅濤塗。秋。伐陳。

討不忠也（以濤塗爲誤軍道）許穆公卒于師。葬之以侯禮也。（男而以侯禮。加一等）凡諸侯薨于朝會。加一等（諸侯命有三等。公爲上等。侯伯中等。子男爲下等）死王事加二等（謂以死勤事）於是有以衮斂（衮衣。公服也。謂加二等。○斂力驗反）冬叔孫戴伯帥師會諸侯之師侵陳。陳成。歸轅濤塗（陳服罪。故歸其大夫。戴。謚也）初晉獻公欲以驪姬爲夫人。卜之不吉。筮之吉。公曰。從筮。卜人曰。筮短龜長。不如從長（物生而後有象。象而後有滋。滋而後有數。龜象筮數。故象長數短且其繇曰。專之渝。攘公之羭。繇。卜兆辭。渝。變也。攘。除也。羭。美也。言變乃除公之美。○繇直救反渝羊朱反下羭同音一薰一蕕。十年尚猶有臭。薰。香草。蕕。臭草。十年有臭。言善易消。惡難除必不可。弗聽。立之。生奚齊。其娣生卓子。及將立奚齊。既與中大夫成謀。姬謂大子曰。君夢齊姜。必速祭之。齊姜。大子母。言求食。○卓吐濁反大子祭于曲沃。歸胙于公。胙。祭之酒肉公田。姬寘諸宮六日。公至。毒而獻之。毒酒經宿輒敗。而經六日。明公之惑公祭之地。地墳。

與犬，犬斃；與小臣，小臣亦斃。姬泣曰：「賊由大子。」大子奔新城。新城，曲沃。〔墳〕扶粉反。○公殺其傅杜原款。或謂大子：「子辭，君必辯焉。」以六日之狀自理。○〔款〕苦管反。〔辯〕兵免反。大子曰：「君非姬氏，居不安，食不飽。我辭，姬必有罪。君老矣，吾又不樂。」吾自理則姬死，姬死則君必不樂。不樂爲由吾也。○〔樂〕音洛。曰：「子其行乎！」大子曰：「君實不察其罪，被此名也以出，人誰納我？」十二月戊申，縊于新城。姬遂譖二公子曰：「皆知之。」重耳

乾隆四十八年

奔蒲，夷吾奔屈。二子時在朝，爲明年晉殺申生傳。○被，皮寄反，又皮綺反。縊，一賜反。譖，側鴆反。

經五年春，晉侯殺其世子申生。稱晉侯，惡用讒。書春，從告。

杞伯姬來朝其子。無傳。伯姬來寧，寧成風也。朝其子者，時子年在十歲左右，因有諸侯子，得行朝義，而卒不成朝禮，故繫於母而曰朝其子。○杞伯姬來，絕句。來歸寧，朝其子，猶言其子朝。

夏，公孫茲如牟。叔孫戴伯娶於牟。卿非君命不越竟，故奉公命聘於牟，因自爲逆。

公及齊侯、宋公、陳侯、衛侯、鄭伯、許男、曹伯會王世子于首止。惠王大子鄭也。不名而殊會。尊之也。首止。衛地。陳留襄邑縣東南有首鄉。秋八月。諸侯盟于首止。開無異事。復稱諸侯者。王世子不盟故也。王之世子。尊與王同。齊桓行霸。翼戴天子。尊崇王室。故殊貴世子。鄭伯逃歸不盟。逃其師而歸也。逃例在文三年。楚人滅弦。弦子奔黃。弦國在弋陽軑縣東南。九月戊申朔。日有食之。無傳。冬。晉人執虞公。虞公貪璧馬之寶。距絕忠諫。稱人以執。同於無道於其民之例。例在成十五年。所以罪虞。且言易也。晉侯脩虞之祀。而歸其職貢於王。故不以滅同姓爲譏。

傳。五年。春。王正月。辛亥朔。日南至。周正月。今十一月。冬至之日。日南極公既視朔遂登觀臺以望而書禮也視朔。親告朔也。觀臺臺上構屋可以遠觀者也。朔旦冬至。歷數之所始。治歷者因此則可以明其術數審別陰陽。敘事訓民。魯君不能常脩此禮。故善公之得禮。○觀古亂反凡分至啓閉必書雲物分。春秋分也。至。冬夏至也。啓。立春立夏。閉。立秋立冬。雲物。氣色災變也。傳重申周典。不言公者。日官掌其職。○重直用反爲備故也素察妖祥。逆爲之備晉侯使以殺大子申生之故來告釋經必須告乃書初晉侯使士蔿爲二公子築蒲與屈。不愼寘薪焉不謹愼。○爲于僞反夷吾訴之公使

僖五年

讓之（譴讓之）士蔿稽首而對曰。臣聞之。無喪而慼。憂必讎焉（讎猶對也）無戎而城。讎必保焉（保而守之）寇讎之保。又何愼焉。守官廢命。不敬。固讎之保。不忠。失忠與敬。何以事君。詩云。懷德惟寧。宗子惟城（詩大雅。懷德以安。則宗子之固若城）君其脩德而固宗子。何城如之（言城不如固宗子）三年將尋師焉。焉用愼（尋。用也）退而賦曰。狐裘尨茸。一國三公。吾誰適從（士蔿自作詩也。尨茸。亂貌。公與二公子爲三。言城不堅。則爲公子所訴。爲公所讓。堅之。則爲固讎不忠。無以事君。故不知所從。○尨莫江反。又音蒙。適丁歷反及難。公使寺人披伐蒲。重耳曰。君父之命不校。乃徇曰。校者吾讎也。踰垣而走。披斬其袪。遂出奔翟袪。袂也。○難乃旦反袪起魚反。翟音狄夏。公孫茲如牟。娶焉因聘而娶。故傳實其事會于首止。會王大子鄭。謀寧周也惠王以惠后故。將廢大子鄭。而立王子帶。故齊桓帥諸侯。會王大子。以定其位陳轅宣仲怨鄭申侯之反己於召陵宣仲轅濤塗故勸之城其賜邑齊桓所賜虎牢曰。美城之。大名也。子孫不忘。吾助子請。乃爲之請於諸侯而城之美樓櫓之備美設遂譖諸鄭伯曰。美城其賜邑。將以叛也。申侯由是得罪爲七年鄭殺申侯傳秋。諸侯盟。王使周公召鄭伯曰。吾撫女以從楚。輔之以晉。可以少安周公。宰孔也。王恨齊桓定大子之位。故召鄭伯。使叛齊也。晉楚不服於齊。故以鎮安鄭鄭伯喜於王命而懼其不朝於齊也。故逃歸不盟。孔叔止之曰。國君不可以輕。輕則失親孔叔。鄭大夫。親。黨援也。○輕遣正反失親。患必至病而乞盟所喪多矣君必悔之弗聽逃其師而歸。○喪，息浪反。楚鬭穀於菟滅弦，弦子奔黃。於是江黃道柏方睦於齊，皆弦姻也。姻，外親也。道國在汝南安陽縣南。柏國名。汝南西平縣有柏亭。弦子恃之而不事楚，又不設備，故亡。晉侯復假道於虞以伐虢。宮之奇諫曰：虢，虞之表也。虢亡，虞必從之。晉不可啓，寇不可翫。翫，習也。一之謂甚，其可再乎？爲二年假晉道滅下陽。諺所謂輔車相依，脣亡齒寒者，其虞虢之謂也〇輔，頰輔。車，牙車。〇車，尺奢反。公曰：晉，吾宗也，豈害我哉？對曰：大伯、虞仲，大王之昭也。大伯不從，是以不嗣。大伯、虞仲皆大王之子，不從父命，俱讓適吳。仲雍支子別封西吳，虞公其後也。穆生昭，昭生穆，以世次計，故大伯、虞仲於周爲昭。〇昭，上饒反，後昭穆放此。虢仲、虢叔，王季之穆也，王季者，大伯、虞仲之母弟也。虢仲、虢叔，王季之子，文王之母弟也。仲、叔皆虢君字。爲文王卿士，勳在王室，藏於盟府。盟府，司盟之官。將虢是滅，何愛於虞？且虞能親於桓、莊乎？其愛之也，桓、莊之族何罪而以爲戮不唯偪乎桓叔莊伯之族晉獻公之從祖昆弟獻公患其偪盡殺之事在莊二十五年○偪彼力反親以寵偪猶尚害之況以國乎公曰吾享祀豐絜神必據我據猶安也對曰臣聞之鬼神非人實親惟德是依故周書曰皇天無親惟德是輔周書逸書又曰黍稷非馨明德惟馨馨香之遠聞○聞音問又如字又曰民不易物惟德繄物黍稷牲玉無德則不見饗有德則見饗言物一而異用○繄烏兮反如是則非德民不和神不享矣神所馮依將

在德矣。若晉取虞。而明德以薦馨香。神其吐之乎。弗聽。許晉使。宮之奇以其族行。行。去也。○馮。皮冰反曰。虞不臘矣。臘。歲終祭衆神之名在此行也。晉不更舉矣。不更舉兵八月甲午。晉侯圍上陽。上陽。虢國都。在弘農陜縣東南問於卜偃曰。吾其濟乎。對曰。克之。公曰。何時。對曰。童謠云。丙之晨。龍尾伏辰。龍尾。尾星也。日月之會曰辰。日在尾。故尾星伏不見均服振振。取虢之旂。戎事上下同服。振振。盛貌。旂。軍之旌旗鶉之賁賁。天策焞焞。火中成軍。虢公其奔。鶉。鶉火星也。賁賁。鳥星之體也。天策。傳說星。時近日。星微。焞焞無光耀也。言丙子平旦。鶉火中。軍事有成功也。此已上皆童謠言也。童齔之子。未有念慮之感。而會成嬉戲之言。似若有馮者。其言或中或否。博覽之士。能懼思之人。兼而志之。以爲鑒戒。以爲將來之驗。有益於世教。○賁音奔。焞他門反。齔初問反。其九月十月之交乎。以星驗推之。知九月十月之交。謂夏之九月十月也。交。晦朔交會。丙子旦。日在尾。月在策。是夜日月合朔於尾。月行疾。故至旦而過在策。鶉火中。必是時也。冬十二月丙子朔。晉滅虢。虢公醜奔京師。不書。不告也。周十二月。夏之十月。師還館于虞遂襲虞滅之執虞公及其大夫井伯以媵秦穆姬（秦穆姬晉獻公女送女曰媵以屈辱之）而脩虞祀且歸其職貢於王（虞所命祀）故書曰晉人執虞公罪虞且言易也

經六年春王正月夏公會齊侯宋公陳侯衛侯曹伯伐鄭圍新城（新城鄭新密今滎陽密縣）秋楚人圍許（楚子不親圍以圍者告）諸侯遂救許（皆伐鄭之諸侯故不復更敘）

冬公至自伐鄭（無傳）

傳六年。春。晉侯使賈華伐屈。夷吾不能守。盟而行賈華。晉大夫。非不欲校。力不能守。言不如重耳之賢將奔狄。郤芮曰。後出同走罪也。嫌與重耳同謀而相隨郤去逆反芮如銳反不如之梁。梁近秦而幸焉。乃之梁以梁爲秦所親幸。秦既大國。且穆姬在焉。故欲因以求之夏。諸侯伐鄭。以其逃首止之盟故也。首止盟在五年圍新密。鄭所以不時城也。實新密而經言新城者。鄭以非時興土功。齊桓聲其罪以告諸侯秋。楚子圍許以救鄭。諸侯救許。乃還。冬。蔡穆侯將許僖公以見楚子於武城（楚子退舍武城。猶有忿志，而諸侯各罷兵。故蔡將許君歸楚。武城。楚地。在南陽宛縣北。○宛，於元反）許男面縛銜璧。大夫衰絰。士輿櫬（縛手於後。唯見其面。以璧爲贄。手縛故銜之。櫬。棺也。將受死。故衰絰。○衰，七雷反）楚子問諸逢伯（逢伯。楚大夫）對曰。昔武王克殷。微子啓如是（微子啓。紂庶兄。宋之祖也）武王親釋其縛。受其璧而祓之（祓。除凶之禮。○祓，芳弗反）焚其櫬。禮而命之。使復其所。楚子從之

經。七年。春。齊人伐鄭。夏。小邾子來朝（無傳。郳犂來始

得王命而來朝也。郳之別封，故曰小郳。鄭殺其大夫申侯。申侯，鄭卿。專利而不厭，故稱名以殺，罪之也。例在文六年。○厭，於鹽反。傳同。秋七月，公會齊侯、宋公、陳世子款、鄭世子華盟于甯母。高平方與縣東有泥母亭，音如甯。○母，如字，又音無。與，音預。泥，乃麗反。曹伯班卒。無傳。五年同盟于首止。公子友如齊。無傳。罷盟而聘，謝不敏也。冬，葬曹昭公。無傳。

傳七年春，齊人伐鄭。孔叔言於鄭伯曰：諺有之曰：心則不競，何憚於病。競，強也。憚，難也。○難，乃旦反。既不能彊。又不能弱。所以斃也。國危矣。請下齊以救國。公曰。吾知其所由來矣。姑少待我。欲以申侯說對曰。朝不及夕。何以待君。夏。鄭殺申侯以說于齊。且用陳轅濤塗之譖也。濤塗譖在五年初。申侯。申出也。姊妹之子爲出有寵於楚文王。文王將死。與之璧。使行。曰。唯我知女。女專利而不厭。予取予求。不女疵瑕也。從我取。從我求。我不以女爲罪釁。○女音汝後之人將求多於女。謂嗣君也。求多。以禮義大望責之必不免我死女必速行無適小國將不女容焉政狹法峻既葬出奔鄭又有寵於厲公子文聞其死也曰古人有言曰知臣莫若君弗可改也已秋盟于甯母謀鄭故也管仲言於齊侯曰臣聞之招攜以禮懷遠以德攜離也德禮不易無人不懷齊侯脩禮於諸侯諸侯官受方物諸侯官司各於齊受其方所當貢天子之物鄭伯使大子華聽命於會言於齊侯曰洩氏孔氏子人氏三族

實違君命○三族，鄭大夫。（洩）息列反。若君去之以爲成，我以鄭爲內臣，君亦無所不利焉。以鄭事齊，如封內臣。○（去）起呂反。齊侯將許之。管仲曰：君以禮與信屬諸侯，而以姦終之，無乃不可乎？子父不奸之謂禮，守命共時之謂信。守君命，共時事。○（奸）音干。（共）音恭。違此二者，姦莫大焉。公曰：諸侯有討於鄭，未捷，今苟有釁，從之，不亦可乎？子華犯父命，是其釁隙。對曰：君若綏之以德，加之以訓辭，而帥諸侯以討鄭，

乾隆四十八年

鄭將覆亡之不暇。豈敢不懼。若揔其罪人以臨之。揔。將領也。子華奸父之命。即罪人。鄭有辭矣。何懼以大義爲辭且夫合諸侯以崇德也。會而列姦。何以示後嗣。列姦。用子華。夫諸侯之會。其德刑禮義無國不記。記姦之位。位。會位也。子華爲姦人。而列在會位。將爲諸侯所記。君盟替矣。替。廢也。作而不記。非盛德也。君舉必書。雖復齊史隱諱。亦損盛德。君其勿許。鄭必受盟。夫子華既爲大子。而求介於大國。以弱其國。亦必不免。介。因也。

鄭有叔詹、堵叔、師叔三良爲政，未可間也。齊侯辭焉。子華由是得罪於鄭。冬，鄭伯使請盟于齊。以齊侯不聽子華故。閏月，惠王崩。襄王惡大叔帶之難，襄王，惠王大子鄭也。大叔帶，襄王弟，惠后之子也。有寵於惠后，惠后欲立之，未及而卒。懼不立，不發喪而告難于齊。爲八年盟洮傳。○洮，他刀反。

經八年春王正月，公會王人、齊侯、宋公、衛侯、許男、曹伯、陳世子款盟于洮。王人與諸侯盟，不譏者，王室有難故。洮。曹地。鄭伯乞盟。新服。未與會。故不序列。別言乞盟。夏狄伐晉。秋七月禘于大廟用致夫人。禘。三年大祭之名。大廟。周公廟。致者致新死之主於廟。而列之昭穆。夫人淫而與殺。不薨於寢。於禮不應致。故僖公疑其禮。歷三禘。今果行之。嫌異常。故書之。○殺音試冬十有二月丁未。天王崩實以前年閏月崩。以今年十二月丁未告

傳八年春盟于洮謀王室也鄭伯乞盟請服也。襄王定位而後發喪王人會洮還。而後王位定晉里克帥師。梁由靡御。虢射為右。以敗狄于采桑傳言

前年事也。平陽北屈縣西南有采桑津。射食亦反梁由靡曰狄無恥。從之必大克不恥走故可逐里克曰懼之而已無速衆狄恐怨深而羣黨來報虢射曰期年狄必至示之弱矣。期音基夏狄伐晉報采桑之役也。復期月明朞年之言驗秋禘而致哀姜焉。非禮也。凡夫人不薨于寢。不殯于廟。不赴于同。不祔于姑。則弗致也。寢。小寢。同。同盟。將葬。又不以殯過廟。據經哀姜薨葬之文。則爲殯廟。赴同。祔姑。今當以不薨于寢不得致也冬。王人來告喪。難故也。是以緩有大叔帶之難宋公疾大子茲父固請曰目夷長且仁君其立之茲父襄公也目夷茲父庶兄子魚也公命子魚子魚辭曰能以國讓仁孰大焉臣不及也且又不順立庶不順禮遂走而退

經九年春王三月丁丑宋公御說卒四同盟御魚呂反說音悅夏公會宰周公齊侯宋子衛侯鄭伯許男曹伯于葵丘周公宰孔也宰官周采地天子三公不字宋子襄公也傳例曰在喪公侯曰子陳留外黃縣東有葵丘秋七月乙酉伯姬

卒無傳。公羊穀梁曰。未適人。故不稱國。已許嫁。則以成人之禮書。不復殤也。婦人許嫁而笄。猶丈夫之冠。九月戊辰。諸侯盟于葵丘。夏會葵丘。次伯姬卒。文不相比。故重言諸侯。宰孔先歸。不與盟。甲子。晉侯佹諸卒。未同盟而赴以名。甲子。九月十一日。戊辰。十五日也。書在盟後。從赴。○佹九委反。冬。晉里克殺其君之子奚齊。獻公未葬。奚齊未成君。故稱君之子。奚齊受命繼位無罪。故里克稱名。

傳九年春。宋桓公卒。未葬而襄公會諸侯。故曰子。凡在喪。王曰小童。公侯曰子。在喪。未葬也。小童者。

童蒙幼末之稱。子者繼父之辭。公侯位尊。上連王者。下絕伯子男。周康王在喪。稱予一人釗。禮稱亦不言小童。或所稱之辭各有所施。此謂王自稱稱之辭。非諸下所得書。故經無其事。傳通取舊典之文。以事相接。○之稱去聲釗古堯反。又音昭

夏會于葵丘。尋盟且脩好。禮也。王使宰孔賜齊侯胙。胙祭肉。尊之比二王後。曰。天子有事于文武。有祭事也使孔賜伯舅胙。天子謂異姓諸侯曰伯舅齊侯將下拜。孔曰。且有後命。天子使孔曰。以伯舅耋老。加勞賜一級。無下拜。七十曰耋。級等也。○耋田節反。一他結反勞力報反對曰。天威不

違顔咫尺言天鑒察不遠。威嚴常在顔面之前。八寸曰咫。小白余敢貪天子之命。無下拜。小白。齊侯名。余。身也。恐隕越于下隕越。顚墜也。據天王居上。故言恐顚墜于下以遺天子羞。敢不下拜。下拜登受拜堂下。受胙於堂上。○遺。于季反秋。齊侯盟諸侯于葵丘。曰。凡我同盟之人。既盟之後。言歸于好。義取脩好。故傳顯其盟辭宰孔先歸。既會。先諸侯去。○先。悉薦反遇晉侯。曰。可無會也。晉侯欲求會葵丘齊侯不務德而勤遠略。故北伐山戎。在莊三十一年南伐楚。在四年

乾隆四十八年

西爲此會也東略之不知西則否矣言或向東必不能復西略其在亂乎君務靖亂無勤於行在存也微戒獻公言晉將有亂晉侯乃還不復會齊九月晉獻公卒里克㔻鄭欲納文公故以三公子之徒作亂㔻鄭晉大夫三公子申生重耳夷吾○㔻普悲反初獻公使荀息傅奚齊公疾召之曰以是藐諸孤言其幼賤與諸子縣藐○藐妙小反又亡角反辱在大夫其若之何欲屈辱荀息使保護之稽首而對曰臣竭其股肱之力加之以忠貞其濟

君之靈也。不濟則以死繼之。公曰。何謂忠貞。對曰。公家之利。知無不爲。忠也。送往事居。耦俱無猜。貞也。往死者。居生者。耦兩也。送死事生。兩無疑恨。所謂正也。及里克將殺奚齊。先告荀息曰。三怨將作。三公子之徒秦晉輔之。子將何如。荀息曰。將死之。里克曰。無益也。荀叔曰。吾與先君言矣。不可以貳。能欲復言而愛身乎。荀叔。荀息也。復言。言可復也。雖無益也。將焉辟之。且人之欲善。誰不如我。我欲無貳而能謂人已乎言不能止里克使不忠於申生等冬十月里克殺奚齊于次次喪寢書曰殺其君之子未葬也荀息將死之人曰不如立卓子而輔之荀息立公子卓以葬十一月里克殺公子卓于朝荀息死之君子曰詩所謂白圭之玷尚可磨也斯言之玷不可爲也詩大雅言此言之缺難治甚於白圭○玷丁簟反又丁念反荀息有焉有此詩人重言之義齊侯以諸侯之師伐晉及高梁而還討晉亂也高梁晉地

在平陽縣西南令不及會。故不書前已發不書例。今復重發。嫌霸者異於凡諸侯晉郤芮使夷吾重賂秦以求入郤芮。郤克祖父。從夷吾者。從才用反曰人實有國。我何愛焉言國非已之有。何愛而不以賂秦入而能民。土於何有。從之能得民不患無土。齊隰朋帥師會秦師納晉惠公隰朋。齊大夫。惠公。夷吾秦伯謂郤芮曰。公子誰恃。對曰。臣聞亡人無黨。有黨必有讎言夷吾無黨。無黨則無讎。易出易入。以微勸秦夷吾弱不好弄弄。戲也能鬭不過有節制長亦不改。

不識其他。公謂公孫枝曰。夷吾其定乎公孫枝。秦大夫子桑也對曰。臣聞之。唯則定國。詩曰。不識不知。順帝之則。文王之謂也詩大雅。帝。天也。則。法也。言文王闇行自然合天之法又曰。不僭不賊。鮮不爲則僭。過差也。賊。傷害也。皆忌克也。能不然。則可爲人法則。○鮮息淺反無好無惡。不忌不克之謂也。今其言多忌克既僭而賊難哉言能自定難公曰。忌則多怨。又焉能克。是吾利也其言雖多忌。適足以自害。不能勝人也。秦伯慮其還害己。故曰是吾利宋襄公即位。以公

子目夷爲仁。使爲左師以聽政。於是宋治。故魚氏世爲左師

經。十年。春。王正月。公如齊（傳無）狄滅温。温子奔衛（蓋中國之狄。滅而居其土地）晉里克弑其君卓。及其大夫荀息（弑卓在前年。而以今春書者。從赴也。獻公既葬。卓已免喪。故稱君也。荀息稱名者。雖欲復言。本無遠謀。從君於昏）夏。齊侯許男伐北戎（無傳。北伐山戎）晉殺其大夫里克（奚齊者。先君所命。卓子又以在國嗣位。罪未爲無道。而里克親爲三怨之主。累弑二君。故稱名以罪之）秋。七月。冬。大

雨雪。無傳。平地尺爲大雪。○雨，于付反。

傳十年，春，狄滅溫，蘇子無信也。蘇子叛王即狄，又不能於狄，狄人伐之，王不救，故滅。蘇子奔衛。蘇子，周司寇蘇公之後也。國於溫，故曰溫子。叛王事在莊十九年。夏四月，周公忌父、王子黨會齊隰朋立晉侯。周公忌父，周卿士。王子黨，周大夫。晉侯殺里克以說。自解說。不篡。將殺里克，公使謂之曰：微子則不及此。雖然，子弒二君與一大夫，爲子君者不亦難乎？對曰：不有廢也。君何以興。欲加之罪。其無辭乎言欲加已罪。不患無辭臣聞命矣。伏劍而死。於是丕鄭聘于秦。且謝緩賂。故不及丕鄭。里克黨。以在秦。故不及里克俱死晉侯改葬共大子共大子。申生也。○(共)音恭(大)音泰秋。狐突適下國下國。曲沃新城遇大子。大子使登僕忽如夢而相見。狐突本為申生御。故復使登車為僕而告之曰。夷吾無禮。余得請於帝矣請罰夷吾將以晉畀秦。秦將祀余。對曰。臣聞之。神不歆非類。民不祀非族。君祀無乃殄乎（歆。饗也。殄。絕也。）且民何罪。失刑乏祀。君其圖之。君曰。諾。吾將復請。七日。新城西偏將有巫者而見我焉。（新城。曲沃也。將因巫而見。）許之。遂不見。（狐突許其言。申生之象亦沒。○見賢遍反。又如字）及期而往。告之曰。帝許我罰有罪矣。敝於韓。（敝。敗也。韓。晉地。獨敝惠公。故言罰有罪。明不復以晉畀秦。夷吾忌克多怨。終於失國。雖改葬加謚。申生猶忿。傳言鬼神所馮。有時而信）丕鄭之如秦也。言於秦伯曰。呂甥郤稱冀芮實為不從。若重問以召之（三子。晉大夫。不從。不與秦賂。問。聘問之幣。○稱尺證反。殳如字。臣出晉君，君納重耳，蔑不濟矣。蔑，無也。

冬，秦伯使泠至報問，且召三子。泠至，秦大夫。○泠，力丁反。

郤芮曰：「幣重而言甘，誘我也。」遂殺丕鄭、祁舉祁舉，晉大夫。及七輿大夫侯伯七命，副車七乘。左行共華、右行賈華、叔堅、騅歂、纍虎、特宮、山祁，皆里、丕之黨也。七子，七輿大夫。○行，戶剛反。共音恭。騅音佳。歂，市專反。纍，力追反。丕豹奔秦，丕豹，丕鄭之子。言於秦伯曰：「晉侯背大主而忌小怨，民弗與也。伐之，必出。」大主，秦也。小怨，里、丕。公曰：「失

乾隆四十八年

衆焉能殺謂殺里丕之黨違禍誰能出君謂豹避禍也。爲明年晉殺丕鄭傳

經十有一年春晉殺其大夫丕鄭父以私怨謀亂國書名罪之。書春。從告夏公及夫人姜氏會齊侯于陽穀無傳。婦人送迎不出門。見兄弟不踰閾。與公俱會齊侯。非禮。○閾音域。門限也秋八月大雩無傳。過時故書冬楚人伐黃

傳十一年春晉侯使以丕鄭之亂來告釋經書在今年天王使召武公內史過賜晉侯命天王。周襄王。召

武公。周卿士。內史過。周大夫。諸侯即位。天子賜之命圭爲瑞。○過古禾反受玉惰。過歸告王曰。晉侯其無後乎。王賜之命。而惰於受瑞。先自弃也已。其何繼之有。禮。國之幹也。敬。禮之輿也。不敬則禮不行。禮不行則上下昏。何以長世。爲惠公不終張本。○長直良反。又丁丈反夏。揚拒泉皋伊雒之戎同伐京師。入王城。焚東門。揚拒泉皋。皆戎邑。及諸雜戎。居伊水雒水之閒者。今伊闕北有泉亭。○拒俱宇反王子帶召之也王子帶。甘昭公也。召戎。欲因以簒位。秦晉伐戎以救

周秋晉侯平戎于王為二十四年天王出居鄭傳黃人不歸楚貢冬楚人伐黃黃人恃齊故

經十有二年春王三月庚午日有食之無傳不書朔官失之夏楚人滅黃秋七月冬十有二月丁丑陳侯杵臼卒無傳遺世子與僖公同盟甯母及洮○臼其九反

傳十二年春諸侯城衛楚丘之郛懼狄難也楚丘衛國都郛郭也爲明年春狄侵衛傳○郛芳夫反難乃旦反黃人恃諸侯之睦于齊也不共楚職曰自郢及我九百

里焉能害我夏楚滅黃郢。楚都共音恭○王以戎難故討王子帶子帶前年召戎伐周秋王子帶奔齊冬齊侯使管夷吾平戎于王使隰朋平戎于晉平和也。前年晉救周伐戎。故戎與周晉不和王以上卿之禮饗管仲。管仲辭曰臣賤有司也有天子之二守國高在國子。高子。天子所命爲齊守臣。皆上卿也。莊二十二年。高傒始見經。僖二十八年。國歸父乃見傳。歸父之父曰懿仲。高傒之子曰莊子。不知今當誰世。○守手又反若節春秋來承王命何以禮焉節。時也陪臣敢辭諸侯之臣曰陪臣王曰舅氏伯舅之使故曰舅氏余嘉乃勳應乃懿德謂督不忘往踐乃職無逆朕命功勳美德可謂正而不可忘者。不言位而言職者，管仲位卑而執齊政，故欲以職尊之。管仲受下卿之禮而還管仲不敢以職自高，卒受本位之禮。君子曰：管氏之世祀也宜哉。讓不忘其上。詩曰：愷悌君子，神所勞矣。詩大雅。愷，樂也。悌，易也。言樂易君子，爲神所勞來，故世祀也。管仲之後，於齊沒不復見，傳亦舉其無驗。○愷開在反。悌音弟。勞力報反。來力代反。

經十有三年春，狄侵衛。傳在前年春。夏四月，葬陳

宣公無傳公會齊侯宋公陳侯衛侯鄭伯許男曹伯于鹹鹹衛地東郡濮陽縣東南有鹹城秋九月大雩無傳書過冬公子友如齊無傳

傳十三年春齊侯使仲孫湫聘于周且言王子帶前年王子帶奔齊言欲復之事畢不與王言不言子帶事歸復命曰未可王怒未怠其十年乎不十年王弗召也夏會于鹹淮夷病杞故且謀王室也秋爲戎難故諸侯戍周齊仲孫湫致之戍守

（也。致諸侯戍卒于周。為于僞反。難乃旦反）冬晉荐饑（麥禾皆不熟。荐在薦反）使乞糴于秦。秦伯謂子桑與諸乎。對曰。重施而報。君將何求（言不損秦。施式豉反）重施而不報。其民必攜。攜而討焉。無衆必敗（不義故民離）謂百里與諸乎（百里。秦大夫）對曰。天災流行。國家代有。救災恤鄰。道也。行道有福。丕鄭之子豹在秦。請伐晉（欲爲父報怨）秦伯曰。其君是惡。其民何罪。秦於是乎輸粟于晉。自雍及絳相繼（雍。秦國都。絳。晉

國都○雍於用反命之曰汎舟之役從渭水運入河汾

經十有四年春諸侯城緣陵緣陵杞邑辟淮夷遷都于緣陵

夏六月季姬及鄫子遇于防使鄫子來朝季姬魯女鄫夫人也鄫子本無朝志爲季姬所召而來故言使鄫子來朝鄫國今琅邪鄫縣○鄫似綾反

秋八月辛卯沙鹿崩沙鹿山名陽平元城縣東有沙鹿土山在晉地災害繫於所災所害故不繫國

狄侵鄭傳無冬蔡侯肹卒無傳未同盟而赴以名○肹許乙反

傳十四年春諸侯城緣陵而遷杞焉不書其

人有闕也闕。謂器用不具。城池未固而去。爲惠不終也。澶淵之會。既而無歸。大夫不書。而國別稱人。今此揔曰諸侯。君臣之辭。不言城杞。杞未遷也。○澶市然反鄫季姬來寧。公怒止之。以鄫子之不朝也。來寧不書。而後年書歸鄫。更嫁之文也。明公絕鄫昏。既來朝而還。○還戶關反夏。遇于防。而使來朝。秋。八月。辛卯。沙鹿崩。晉卜偃曰。期年將有大咎。幾亡國。國主山川。山崩川竭。亡國之徵。○期音基。咎其九反。幾音祈。又音機冬。秦饑。使乞糴于晉。晉人弗與。慶鄭曰。背施無親。慶鄭。晉大夫。○背音佩。施式豉反幸災不仁。

貪愛不祥，怒鄰不義。四德皆失，何以守國？虢射曰：皮之不存，毛將安傅？虢射，惠公舅也。皮以喻所許秦城，毛以喻糴。言既背秦施，爲怨以深，雖與之糴，猶無皮而施毛。○傅音附。慶鄭曰：弃信背鄰，患孰恤之？無信患作，失援必斃，是則然矣。虢射曰：無損於怨而厚於寇，不如勿與。言與秦粟，不足解怨，適足使秦强。慶鄭曰：背施幸災，民所弃也。近猶讎之，況怨敵乎？弗聽。退曰：君其悔是哉！

經十有五年春王正月，公如齊。〔無傳。諸侯五年再相朝，禮也。例在文十五年。〕楚人伐徐。三月，公會齊侯、宋公、陳侯、衛侯、鄭伯、許男、曹伯盟于牡丘，〔牡丘，地名，闕。〕遂次于匡。〔匡，衛地，在陳留長垣縣西南。〕公孫敖帥師及諸侯之大夫救徐。〔公孫敖，慶父之子。諸侯既盟，次匡，皆遣大夫將兵救徐，故不復具列國別也。〕夏五月，日有食之。秋七月，齊師、曹師伐厲。〔厲，楚與國。義陽隨縣北有厲鄉。〕八月，螽。〔無傳。爲災。〕九月，公至自會。〔無傳。〕季姬歸于鄫。〔無傳。來寧不書，此書者，以明中絕。○中，丁仲反。〕

又如字己卯晦震夷伯之廟夷伯。魯大夫展氏之祖父。夷謚。伯字。震者雷電擊之。大夫既卒書字冬宋人伐曹楚人敗徐于婁林婁林。徐地。下邳僮縣東南有婁亭。○婁力侯反十有一月壬戌晉侯及秦伯戰于韓獲晉侯例得大夫曰獲。晉侯背施無親。愎諫違卜。故貶絕下從衆臣之例。而不言以歸。不書敗績。晉師不大崩。○愎皮逼反

傳十五年春楚人伐徐。徐即諸夏故也。三月。盟于牡丘。尋葵丘之盟。且救徐也。葵丘盟在九年孟穆伯帥師及諸侯之師救徐。諸侯次于匡以

待之。夏五月。日有食之。不書朔與日官失之也。秋伐厲。以救徐也。晉侯之入也。秦穆姬屬賈君焉。晉侯入在九年。穆姬。申生姊秦穆夫人。賈君。晉獻公次妃。賈女也。○屬音燭且曰盡納羣公子。羣公子。晉武獻之族。宣二年傳曰。驪姬之亂。詛無畜羣公子。○詛莊據反晉侯烝於賈君。又不納羣公子。是以穆姬怨之。晉侯許賂中大夫。中大夫。國內執政里丕等既而皆背之。賂秦伯以河外列城五。東盡虢略。南及華山。內及解梁城。既而不與。河外。河南

也。東盡虢略。從河南而東盡虢界也。解梁城。今河東解縣也。華山在弘農華陰縣西南。○解音蟹

晉饑。秦輸之粟。在十三年 秦饑。晉閉之糴。在十四年 故秦伯伐晉。卜徒父筮之。吉。徒父。秦之掌龜卜者。卜人而用筮。不能通三易之占。故據其所見雜占而言之。 涉河。侯車敗。詰之。秦伯之軍涉河。則晉侯車敗也。秦伯不解。謂敗在己。故詰之。○詰起吉反 對曰。乃大吉也。三敗。必獲晉君。其卦遇蠱䷑ 巽下艮上蠱 曰。千乘三去。三去之餘。獲其雄狐。夫狐蠱。必其君也。於周易。利涉大川。往有事也。亦秦勝晉之卦也。今此所言。蓋卜筮書

乾隆四十八年

雜辭。以狐蠱爲君。其義欲以喻晉惠公。其象未聞。○去起居反。又起據反。一起呂反。蠱之貞風也。其悔山也。內卦爲貞。外卦爲悔。巽爲風。秦象。艮爲山。晉象。歲云秋矣。我落其實而取其材。所以克也。周九月。夏之七月。孟秋也。艮爲山。山有木。今歲已秋。風吹落山木之實。則材爲人所取。實落材亡。不敗何待。三敗及韓。晉侯車三壞。晉侯謂慶鄭曰。寇深矣。若之何。對曰。君實深之。可若何。公曰。不孫。卜右。慶鄭吉。弗使。惡其不孫。不以爲車右。此夷吾之多忌。○孫音遜。步揚御戎。家僕徒爲右。步揚。郤犨之父。

乘小駟鄭入也（鄭所獻馬名小駟）慶鄭曰古者大事必乘其產生其水土而知其人心安其教訓而服習其道唯所納之無不如志今乘異產以從戎事及懼而變將與人易（變易人意）亂氣狡憤陰血周作張脈僨興外彊中乾（狡戾也僨動也氣狡憤於外則血脈必周身而作隨氣張動外雖有彊形而內實乾竭○僨扶粉反張中亮反僨方問反）進退不可周旋不能君必悔之弗聽九月晉侯逆秦師使韓簡視師（韓簡晉大夫韓萬之孫）復

曰師少於我鬭士倍我公曰何故對曰出因其資（謂奔梁求秦）入用其寵（爲秦所納）饑食其粟三施而無報是以來也今又擊之我怠秦奮倍猶未也公曰一夫不可狃況國乎（狃忕也言辟秦則使忕來○施式示反忕時世反又時設反）遂使請戰曰寡人不佞能合其衆而不能離也君若不還無所逃命秦伯使公孫枝對曰君之未入寡人懼之入而未定列猶吾憂也（列位也）苟列定矣敢不承命

韓簡退曰吾幸而得囚得囚爲幸言必敗壬戌戰于韓原九月十三日晉戎馬還濘而止濘泥也還便旋也小駟不調故隋泥中○濘乃定反隋大果反公號慶鄭慶鄭曰愎諫違卜愎戾也○號戶刀反又戶報反固敗是求又何逃焉遂去之梁由靡御韓簡虢射爲右輅秦伯將止之輅迎也止獲也○輅五嫁反鄭以救公誤之遂失秦伯秦獲晉侯以歸經書十一月壬戌十四日經從赴晉大夫反首拔舍從之反首亂頭髮下垂也拔草舍止壞形毀服○拔蒲末反秦伯

乾隆四十八年

使辭焉曰二三子何其感也寡人之從君而西也亦晉之妖夢是踐豈敢以至狐突不寐而與神言故謂之妖夢。申生言帝許罰有罪。今將晉君而西。以厭息此語。踐。厭也。○厭於冉反。又於輒反晉大夫三拜稽首曰君履后土而戴皇天皇天后土實聞君之言羣臣敢在下風穆姬聞晉侯將至以大子罃弘與女簡璧登臺而履薪焉罃。康公名。弘。其母弟也。簡璧。罃弘姊妹。古之宮閉者。皆居之臺以抗絕之。穆姬欲自罪。故登臺而荐之以薪。左右上下者。皆履柴乃得通。○罃於耕反使以免服衰絰逆。且告免。衰。絰。遭喪之服。令行人服此服迎秦伯。且告將以恥辱自殺。○免音問衰七雷反絰大結反曰。上天降災。使我兩君匪以玉帛相見。而以興戎。若晉君朝以入。則婢子夕以死。夕以入。則朝以死。唯君裁之。乃舍諸靈臺在京兆鄠縣。周之故臺。亦所以抗絕。令不得通外內大夫請以入。公曰。獲晉侯以厚歸也。既而喪歸。焉用之若將晉侯入。則夫人或自殺大夫其何有焉何有猶何得且晉人慼憂以重我謂反首拔舍天地以要我。不圖晉憂重其怒也。我食吾言，背天地也。食，消也。○重，直用反。重怒難任，背天不祥，必歸晉君。任，當也。○任音壬。公子縶曰：「不如殺之，無聚慝焉。」公子縶，秦大夫。恐夷吾歸，復相聚爲惡。○縶，張執反。慝，他得反。子桑曰：「歸之而質其大子，必得大成。晉未可滅，而殺其君，祇以成惡。祇，適也。○質音置。祇音支。且史佚有言曰：『無始禍，史佚，周武王時大史名佚。無怙亂，恃人亂爲己利。無重怒。』重怒難任，陵人不祥。」乃許晉平。晉侯使郤乞告瑕呂飴甥，且召之郤乞。晉大夫也。瑕呂飴甥。即呂甥也。蓋姓瑕呂。名飴甥。字子金。晉侯聞秦將許之平。故告呂甥。召使迎己。○飴音怡子金教之言曰。朝國人而以君命賞恐國人不從。故先賞之於朝且告之曰。孤雖歸。辱社稷矣。其卜貳圉也。貳。代也。圉。惠公大子懷公衆皆哭。哀君不還國晉於是乎作爰田分公田之稅。應入公者。爰之於所賞之衆呂甥曰。君亡之不恤。而羣臣是憂。惠之至也。將若君何。衆曰。何爲而可。對曰。征繕以輔孺子征。賦也。繕。治也。孺子。大子圉諸侯聞之。喪君有君。羣臣

乾隆四十八年

輯睦。甲兵益多。好我者勸。惡我者懼。庶有益乎。衆說。晉於是乎作州兵。五黨爲州。州二千五百家也。因此又使州長。各繕甲兵。○喪息浪反輯音集。又七入反初晉獻公筮嫁伯姬於秦。遇歸妹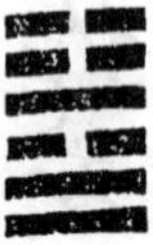兌下震上。歸妹之睽兌下離上。睽。歸妹上六變而爲睽史蘇占之。曰。不吉。史蘇。晉卜筮之史其繇曰。士刲羊。亦無衁也。女承筐。亦無貺也。周易歸妹上六爻辭也。衁。血也。貺。賜也。刲羊士之功。承筐女之職。上六無應。所求不獲。故下刲無血。上承無實。不吉之象也。離爲中女。震爲長男。故稱士女。○繇直救反刲苦圭反衁音

茦(中)丁仲反西鄰責言。不可償也將嫁女於西。而遇不吉之卦。故知有責讓之言。不可報償。○鄰(責)音債。又如字。(償)市亮反。又音常歸妹之睽。猶無相也歸妹。女嫁之卦。睽。乖離之象。故曰無相。相。助也。○(相)息亮反震之離。亦離之震二卦變而氣相通。爲雷爲火。爲嬴敗姬嬴。秦姓。姬。晉姓。震爲雷。離爲火。火動熾而害其母。女嫁反害其家之象。故曰爲嬴敗姬車說其輹。火焚其旗。不利行師。敗于宗丘輹。車下縛也。丘猶邑也。震爲車。離爲火。上六爻在震則無應。故車脫輹。在離則失位。故火焚旗。言皆失車火之用也。車敗旗焚。故不利行師。火還害母。故敗不出國。近在宗邑。○(說)

吐活反【輹】音福。又音服**歸妹睽孤。寇張之弧**此睽上九爻辭也。處睽之極。故曰睽孤。失位孤絕。故遇寇難。而有弓矢之警。皆不吉之象**姪其從姑**震爲木。離爲火。火從木生。離爲震妹。於火爲姑。謂我姪者。我謂之姑。謂子圉質秦。○【姪】待結反。字林丈一反**六年其逋。逃歸其國。而弃其家**逋。亡也。家。謂子圉婦懷嬴。○【逋】補吾反**明年其死於高粱之虛**惠公死之明年。文公入。殺懷公于高粱。高粱。晉地。在平陽楊氏縣西南。凡筮者用周易。則其象可推。非此而往。則臨時占者。或取於象。或取於氣。或取於時日王相。以成其占。若盡附會以爻象。則構虛而不經。故略言其歸趣。他皆放此。○【虛】去魚反【王】于況反【相】息亮反**及**

惠公在秦。曰。先君若從史蘇之占。吾不及此夫。韓簡侍。曰。龜象也。筮數也。物生而後有象。象而後有滋。滋而後有數。先君之敗德及可數乎。史蘇是占。勿從何益。言龜以象示。筮以數告。象數相因而生。然後有占。占所以知吉凶。不能變吉凶。故先君敗德。非筮數所生。雖復不從史蘇。不能益禍。○夫音扶。先君之敗德及。絕句。可數乎。一讀及可數乎。數色主反。復扶又反。詩曰。下民之孽。匪降自天。僔沓背憎。職競由人。詩小雅。言民之有邪惡。非天所降。僔沓面語。背相憎疾。皆人競所主作。因以諷諫惠公有以召此禍也○僔尊本反震夷伯之廟。罪之也。於是展氏有隱慝焉隱慝非法所得。尊貴罪所不加。是以聖人因天地之變。自然之妖。以感動之。知達之主。則識先聖之情以自厲。中下之主。亦信妖祥以不安。神道助教。唯此爲深。○知音智冬。宋人伐曹。討舊怨也莊十四年。曹與諸侯伐宋楚敗徐于婁林。徐恃救也恃齊救十月。晉陰飴甥會秦伯。盟于王城陰飴甥即呂甥也。食采於陰。故曰陰飴甥。王城秦地。馮翊臨晉縣東有王城。今名武鄉秦伯曰。晉國和乎。對曰。不和。小人恥失其君而悼喪其親痛其親爲秦所殺不憚征繕以立圉也曰必報讎寧事戎狄君子愛其君而知其罪不憚征繕以待秦命曰必報德有死無二以此不和秦伯曰國謂君何對曰小人慼謂之不免君子恕以爲必歸小人曰我毒秦秦豈歸君毒謂三施不報君子曰我知罪矣秦必歸君貳而執之服而舍之德莫厚焉刑莫威焉服者懷德貳者畏刑此一役也言還惠公使諸侯威服可當一事之功舍如字又音捨還音環秦可以

乾隆四十八年

霸。納而不定。廢而不立。以德爲怨。秦不其然。秦伯曰。是吾心也。改館晉侯。饋七牢焉。牛羊豕各一爲一牢蛾析謂慶鄭曰。盍行乎。蛾析。晉大夫也。蛾魚綺反。一五何反對曰。陷君於敗。謂呼不往。誤晉師。失秦伯敗而不死。又使失刑。非人臣也。臣而不臣。行將焉入。十一月。晉侯歸。丁丑。殺慶鄭而後入。丁丑。月二十九日是歲。晉又饑。秦伯又餼之粟。曰。吾怨其君而矜其民。且吾聞唐叔之封也。箕子曰。其後必大晉其庸可冀乎唐叔。晉始封之君。武王之子。箕子。殷王帝乙之子。紂之庶兄。〔音〕許氣反。姑樹德焉以待能者。於是秦始征晉河東置官司馬征。賦也

春秋經傳集解僖公上第五

相臺岳氏刻梓荊谿家塾

內閣中書臣[illegible]紱勳敬書

春秋卷五考證

僖公元年公敗邾師于偃註偃邾地。　殿本閣本無此三字杜林合註本汞懷堂本與此同

五年傳童謠云註以爲鑒戒。　殿本閣本無此四字

八年傳復期月註明期年之言驗。○案上文虢射曾言期年狄必至今狄果來伐晉是其言已驗也閣本無驗字義未晰

九年傳東畧之不知註言或向東必不能復西畧。○案齊桓未嘗東伐故宰孔云東畧之不知註言齊若舉兵或向東耳必不能再來西或字正解傳不知二字

諸本作復向東非

十四年沙鹿崩註平陽元城縣東有沙鹿土山○案晉書地理志元城屬陽平郡水經註元城有沙丘堰大河所經以沙鹿山而名是沙鹿在元城而元城實隸陽平也原本及諸本訛作平陽今依　殿本改正

十五年傳反首拔舍從之音義拔蒲末反○　殿本監本作滿末反案滿與末同母當從原本蒲字爲是

乃舍諸靈臺註亦所以抗絕○抗絕　殿本閣本作杜絕案上云古之宮閉者皆居之臺以抗絕之則此處抗字本承上文來當從原本

獲晉侯以厚歸也註君將晉侯入○案此乃秦伯自言不當用君字蓋係若字之訛據殿本改

春秋經傳集解僖公中第六

盡二十六年

經十有六年春王正月戊申朔隕石于宋五隕落也。聞其隕。視之石。數之五。各隨其聞見先後而記之。莊七年。星隕如雨。見星之隕而隊於四遠。若山若水。不見在地之驗。此則見在地之驗。而不見始隕之星。史各據事而書。○數色主反隊直類反是月六鷁退飛過宋都是月。隕石之月。重言是月。嫌同日。鷁。水鳥。高飛遇風而退。宋人以爲災。告於諸侯。故書。○鷁五歷反過古禾反重直用反三月壬申。公子季友卒無傳。稱字者。貴之。公與小

乾隆四十八年

斂故書日夏四月丙申。鄫季姬卒無傳似陵反。(鄫)秋七月甲子。公孫茲卒無傳冬十有二月。公會齊侯宋公陳侯衛侯鄭伯許男邢侯曹伯于淮臨淮郡左右

傳十六年。春。隕石于宋五。隕星也但言星則嫌星使石隕。故重言隕星六鷁退飛過宋都。風也六鷁遇迅風而退飛風高不爲物害。故不記風之異周內史叔興聘于宋。宋襄公問焉。曰。是何祥也。吉凶焉在祥。吉凶之先見者。襄公以爲石隕鷁

退。能爲禍福之始。故問其所在對曰。今茲魯多大喪今茲。此歲明年齊有亂。君將得諸侯而不終魯喪齊亂。宋襄公不終。別以政刑吉凶他占知之退而告人曰。君失問。是陰陽之事。非吉凶所生也言石隕鷁退。陰陽錯逆所爲。非人所生。襄公不知陰陽。而問人事。故曰。君失問。叔興自以對非其實。恐爲有識所譏。故退而告人吉凶由人。吾不敢逆君故也積善餘慶。積惡餘殃。故曰吉凶由人。君問吉凶。不敢逆之。故假他占以對夏。齊伐厲。不克。救徐而還十五年。齊伐厲以救徐秋。狄侵晉。取狐廚受鐸。涉汾及昆都。因晉敗也狐廚。受鐸。昆都。晉三邑。平陽臨汾縣西北有狐谷亭。汾水出大原。南入河王以戎難告于齊。齊徵諸侯而戍周十一年。戎伐京師以來。遂爲王室難冬十一月。乙卯。鄭殺子華終管仲之言。事在七年十二月。會于淮。謀鄫。且東略也鄫爲淮夷所病故城鄫。役人病。有夜登丘而呼曰。齊有亂。不果城而還役人遇厲氣。不堪久駐。故作妖言。○呼火故反。還音旋

經。十有七年。春。齊人。徐人伐英氏。夏。滅項項國。今汝陰項縣。公在會。別遣師滅項。不言師。諱之秋。夫人姜氏會齊侯

于卞卞今魯國卞縣○卞皮彥反九月公至自會公既見執于齊猶以會致者諱之冬十有二月乙亥齊侯小白卒與僖公八同盟○赴以名

傳十七年春齊人爲徐伐英氏以報婁林之役也英氏楚與國婁林役在十五年夏晉大子圉爲質於秦。秦歸河東而妻之秦征河東置官司在十五年惠公之在梁也梁伯妻之梁嬴孕過期過十月不産懷子曰孕○過古禾反卜招父與其子卜之卜招父梁大卜○招上遙反其子曰。將生一男一女。招曰。然。男爲人臣。女爲人妾。故名男曰圉。女曰妾。圉。養馬者。不聘曰妾。及子圉西質。妾爲宦女焉。宦。事秦。爲妾、師滅項。師。魯師。淮之會。公有諸侯之事。未歸而取項。淮會在前年冬。諸侯之事。會同講禮之事。齊人以爲討而止公。內諱執。皆言止。秋。聲姜以公故會齊侯于卞。聲姜。僖公夫人。齊女。九月。公至。書曰。至自會。猶有諸侯之事焉。且諱之也。恥見執。故託會以告廟。齊侯之夫人三。王姬。徐嬴。蔡姬。皆無子。

齊侯好內。多內寵。內嬖如夫人者六人。長衛
姬生武孟。武孟。公子無虧。○好呼報反 少衛姬生惠公 公子
元 鄭姬生孝公 公子昭 葛嬴生昭公 公子潘 密姬
生懿公 公子商人 宋華子生公子雍 華氏之女。子姓。○華戶化
反 公與管仲屬孝公於宋襄公。以爲大子。雍
巫有寵於衛共姬。因寺人貂以薦羞於公。雍巫
雍人名巫。即易牙。○屬音燭 共音恭 亦有寵。公許之立武孟。易牙
既有寵於公。爲長衛姬請立武孟 管仲卒。五公子皆求立。冬。

十月乙亥齊桓公卒乙亥。月八日易牙入與寺人貂因內寵以殺羣吏內寵。內官之有權寵者而立公子無虧孝公奔宋十二月乙亥赴辛巳夜殯六十七日乃殯

經十有八年春王正月宋公曹伯衛人邾人伐齊納孝公夏師救齊無傳五月戊寅宋師及齊師戰于甗齊師敗績無虧既死。曹衛邾先去。魯亦罷歸。故宋師獨與齊戰。不稱宋公。不親戰也。大崩曰敗績。甗齊地。○甗魚免反。又音言。一音彥狄救

齊無傳。救四公子之徒秋。八月。丁亥。葬齊桓公十一月而葬。亂故。八月無丁亥。日誤冬。邢人。狄人。伐衛狄稱人者。史異辭。傳無義例

傳。十八年。春。宋襄公以諸侯伐齊。三月。齊人殺無虧以說宋。○說音悅。又如字鄭伯始朝于楚中國無霸故楚子賜之金。既而悔之。與之盟曰。無以鑄兵楚金利故故以鑄三鍾古者以銅爲兵。傳言楚無霸者遠略齊人將立孝公。不勝。四公子之徒。遂與宋人戰無虧已死。故曰四公子。○勝音升。又升證反夏。五月。宋敗齊師于甗。立

孝公而還。秋。八月。葬齊桓公。孝公立而後得葬冬。邢人。狄人。伐衛。圍菟圃。衛侯以國讓父兄子弟。及朝衆。曰。苟能治之。燬請從焉。燬。衛文公名。○菟音徒衆不可。不聽衛侯讓而後師于訾婁。陳師訾婁。訾婁。衛邑。○訾子斯反。婁郎句反。又郎鈎反狄師還。獨言狄還。則邢留距衛。言邢所以終爲衛所滅梁伯益其國而不能實也。多築城邑。而無民以實之命曰新里。秦取之。

經。十有九年。春。王三月。宋人執滕子嬰齊。稱人以執。宋以罪及民告。例在成十五年。傳例不以名爲義。書名及不書名。皆從赴。

夏六月。宋公。曹人。邾人。盟于曹南。無傳。曹雖與盟而猶不服。不肯致餼。無地主之禮。故不以國地。而曰曹南。所以及秋而見圍。

鄫子會盟于邾。不及曹南之盟。諸侯既罷。鄫乃會之於邾。故不言如會。

己酉。邾人執鄫子。用之。稱人以執。宋以罪及民告也。鄫雖失大國會盟之信。然宋用之爲罰已虐。故直書用之。言若用畜產也。不書社。赴不及也。不書宋使邾。而以邾自用爲文。南面之君。善惡自專。不得託之於他命。○(畜)許又反

秋。宋人圍曹。衛人伐邢。伐邢在圍曹前。經書在後。從赴。

冬。會陳人。蔡人。楚人。鄭人。

盟于齊地於齊。齊亦與盟梁亡以自亡爲文。非取者之罪。所以惡梁

傳十九年。春。遂城而居之承前年傳取新里。故不復言秦也。爲此冬梁亡傳宋人執滕宣公。夏。宋公使邾文公用鄫子于次睢之社。欲以屬東夷睢水受汴。東經陳留梁譙沛彭城縣入泗。此水次有妖神。東夷皆社祠之。蓋殺人而用祭。睢音雖。屬朱欲反司馬子魚曰。古者六畜不相爲用司馬子魚。公子目夷也。六畜不相爲用。謂若祭馬先。不用馬。畜許又反小事不用大牲。而況敢用人乎。祭祀以爲人也。民。神之主也。用人。

僖十九年

其誰饗之。齊桓公存三亡國。以屬諸侯（三亡國。魯衛邢）義士猶曰薄德（謂欲因亂取魯。緩救邢衛）今一會而虐二國之君（宋公三月以會召諸侯。執滕子。六月而會盟。其月二十二日執鄫子。故云一會而虐二國之君）又用諸淫昏之鬼（非周社故）將以求霸。不亦難乎。得死爲幸（恐其亡國）秋。衛人伐邢。以報菟圃之役（邢不速退。所以獨見伐）於是衛大旱。卜有事於山川。不吉（有事。祭也）甯莊子曰。昔周饑。克殷而年豐。今邢方無道。諸侯無伯（伯。長也）天其或者。欲使衛討邢乎。從之。師興而雨。宋人圍曹。討不服也。曹南盟。不脩地主之禮故子魚言於宋公曰。文王聞崇德亂而伐之。軍三旬而不降。崇。崇侯虎退脩教而復伐之。因壘而降。復往攻之。備不改前。而崇自服。○復扶又反詩曰。刑于寡妻。至于兄弟。以御于家邦。詩大雅。言文王之教。自近及遠。寡妻。嫡妻。謂大姒也。刑。法也。○御如字。治也。詩五嫁反。迎也今君德無乃猶有所闕。而以伐人。若之何。盍姑內省德乎。無闕而後動。陳穆公請脩好於諸侯以無忘齊桓之德冬盟于齊脩桓公之好也宋襄暴虐故思齊桓梁亡不書其主自取之也不書取梁者主名初梁伯好土功亟城而弗處民罷而弗堪則曰某寇將至乃溝公宮溝塹○亟欺冀反罷音皮曰秦將襲我民懼而潰秦遂取梁

經二十年春新作南門魯城南門也本名稷門僖公更高大之今猶不與諸門同改名高門也言新以易舊言作以興事皆更造之文也夏郜子來朝無傳郜姬姓國○郜古報反五月乙巳西宮災無傳西宮

公別宮也。天火曰災。例在宣十六年。鄭人入滑。入例在襄十三年。○滑，于八反。

秋，齊人、狄人盟于邢。冬，楚人伐隨。

傳二十年春，新作南門。書，不時也。失土功之時。凡啓塞從時。門戶道橋謂之啓。城郭牆塹謂之塞。皆官民之開閉，不可一日而闕。故特隨壞時而治之。今僖公脩飾城門，非開閉之急。故以土功之制譏之。傳嫌啓塞皆從土功之時，故別起從時之例。

滑人叛鄭而服於衞。夏，鄭公子士、洩堵寇帥師入滑。公子士，鄭文公子。洩堵寇，鄭大夫。○洩，息列反。

秋，齊、狄盟于邢，爲邢謀衞難也。於是衞方病邢。隨以漢東諸侯叛楚。冬。楚鬬穀於菟帥師伐隨。取成而還。君子曰。隨之見伐。不量力也。量力而動。其過鮮矣。善敗由己。而由人乎哉。詩曰。豈不夙夜。謂行多露。詩。召南。言豈不欲早暮而行。懼多露之濡己。以喻違禮而行。必有汙辱。是亦量宜相時而動之義。○穀奴口反。於音烏。菟音徒

宋襄公欲合諸侯。臧文仲聞之曰。以欲從人則可。屈己之欲。從衆之善。以人從欲鮮濟。爲明年鹿上盟傳

經。二十有一年。春。狄侵衛。無傳。爲邢故 宋人。齊人。

楚人盟于鹿上。鹿上，宋地。汝陰有原鹿縣。宋爲盟主，故在齊人上。夏大旱。雩不獲雨，故書旱。自夏及秋，五稼皆不收。秋，宋公、楚子、陳侯、蔡侯、鄭伯、許男、曹伯會于盂。盂，宋地。楚始與中國行會禮，故稱爵。執宋公以伐宋。不言楚執宋公者，宋無德而爭盟，爲諸侯所疾，故摠見衆國共執之文。冬，公伐邾。無傳。爲邾滅須句故。〔句〕其俱反，傳同。楚人使宜申來獻捷。無傳。獻宋捷也。不言宋者，秋伐宋，冬來獻捷，事不異年，從可知。不稱楚子，使來，不稱君命行禮。十有二月癸丑，公會諸侯盟于薄，釋宋公。諸侯既與楚共伐宋，宋服，故爲薄盟以釋之。公本無

會期。聞盟而往。故書公會諸侯

傳二十一年春。宋人爲鹿上之盟。以求諸侯於楚。楚人許之。公子目夷曰。小國爭盟。禍也。宋其亡乎。幸而後敗。謂軍敗。夏。大旱。公欲焚巫尫。巫尫。女巫也。主祈禱請雨者。或以爲尫非巫也。瘠病之人。其面上向。俗謂天哀其病。恐雨入其鼻。故爲之旱。是以公欲焚之。○尫。烏黃反。臧文仲曰。非旱備也。脩城郭。貶食。省用。務穡。勸分。穡。儉也。勸分。有無相濟。○貶。彼檢反。此其務也。巫尫何爲。天欲殺之。則如勿生若能爲旱焚之滋甚公從之是歲也饑而不害不傷害民秋諸侯會宋公于盂子魚曰禍其在此乎君欲已甚其何以堪之於是楚執宋公以伐宋冬會于薄以釋之子魚曰禍猶未也未足以懲君爲二十二年戰泓傳任宿須句顓臾風姓也實司大皞與有濟之祀司主也大皞伏羲四國伏羲之後故主其祀任今任城縣也顓臾在泰山南武陽縣東北須句在東平須昌縣西北四國封近於濟故世祀之○任音壬皞胡老反濟子禮反以服事諸夏與諸夏同

服王事邾人滅須句。須句子來奔。因成風也須句。成風家成風爲之言於公曰。崇明祀。保小寡。周禮也明祀。大皞有濟之祀。保。安也。○爲于僞反蠻夷猾夏周禍也此邾滅須句。而曰蠻夷。昭二十三年。叔孫豹曰。邾又夷也。然則邾雖曹姓之國。迫近諸戎雜用夷禮。故極言之。猾夏。亂諸夏若封須句。是崇皞濟而脩祀紓禍也紓。解也。爲明年伐邾傳。○紓音舒

經。二十有二年。春。公伐邾。取須句須句雖別國。而削弱不能自通。爲魯私屬。若顓臾之比。魯謂之社稷之臣。故滅。奔。及反其君。皆略不備書。唯書

伐邾取須句夏宋公衛侯許男滕子伐鄭。秋八月。丁未。及邾人戰于升陘。升陘。魯地。邾人縣公冑于魚門。故深恥之。不言公。又不言師敗績冬。十有一月。己巳朔。宋公及楚人戰于泓。宋師敗績泓。水名。宋伐鄭。楚救之。故戰也。楚告命不以主帥。人數故略稱人

傳二十二年。春。伐邾。取須句。反其君焉。禮也得恤寡小之禮三月。鄭伯如楚。夏。宋公伐鄭。子魚曰。所謂禍在此矣怒鄭至楚。故伐之。爲下泓戰起初。平王之東

遷也。周幽王爲犬戎所滅。平王嗣立。故東遷洛邑。辛有適伊川。見被髮而祭於野者。辛有周大夫。伊川。周地。伊水也。曰。不及百年。此其戎乎。其禮先亡矣。被髮而祭。有象夷狄。秋。秦晉遷陸渾之戎于伊川。允姓之戎居陸渾。在秦晉西北。二國誘而徙之伊川。遂從戎號。至今爲陸渾縣也。計此去辛有過百年。而云不及百年。傳舉其事驗。不必其年信。〇渾戶門反。一胡困反晉大子圉爲質於秦。將逃歸。謂嬴氏曰。與子歸乎。嬴氏秦所妻子圉懷嬴也。〇質音致。妻七計反對曰。子晉大子。而辱於秦。子之欲歸。不亦宜乎寡君之使婢子侍執巾櫛婢子婦人之卑稱也○櫛側乙反稱尺證反以固子也從子而歸弃君命也不敢從亦不敢言遂逃歸傳終史蘇之占富辰言於王曰請召大叔富辰周大夫大叔王子帶十二年奔齊詩曰協比其鄰昏姻孔云詩小雅言王者爲政先和協近親則昏姻甚相歸附也鄰猶近也孔甚也云旋也吾兄弟之不協焉能怨諸侯之不睦王說王子帶自齊復歸于京師王召之也傳終仲孫湫之言也爲二十四年天王出居于鄭起○湫子小反邾人以須

句故出師。公卑邾。不設備而禦之。卑小也。禦魚呂反臧文仲曰。國無小。不可易也。無備雖衆。不可恃也。詩曰。戰戰兢兢。如臨深淵。如履薄冰。詩小雅。言常戒懼又曰。敬之敬之。天維顯思。顯明也。思猶辭也命不易哉。周頌。言有國宜敬戒。天明臨下。奉承其命甚難先王之明德。猶無不難也。無不懼也。況我小國乎。君其無謂邾小。蜂蠆有毒。而況國乎。弗聽。八月丁

乾隆四十八年[illegible]

未。公及邾師戰于升陘。我師敗績。邾人獲公

胄縣諸魚門胄兜鍪魚門鄭城門楚人伐宋以救鄭宋公將戰大司馬固諫曰天之弃商久矣君將興之弗可赦也已大司馬固莊公之孫公孫固也言君興天所弃必不可不如赦楚勿與戰弗聽冬十一月己巳朔宋公及楚人戰于泓宋人既成列楚人未既濟未盡渡泓水司馬曰子魚也彼衆我寡及其未既濟也請擊之公曰不可既濟而未成列又以告公曰未可既陳而後擊之宋師敗績公傷股門官殲

焉。門官。守門者。師行則在君左右。殲。盡也。○陳直覲反。殲子廉反。國人皆咎公。公曰：君子不重傷，不禽二毛。二毛。頭白有二色。古之爲軍也，不以阻隘也。不因阻隘以求勝。寡人雖亡國之餘，宋商紂之後。不鼓不成列。恥以詐勝。子魚曰：君未知戰。勍敵之人，隘而不列，天贊我也。勍。強也。言楚在險隘。不得陳列。天所以佐宋。阻而鼓之，不亦可乎。猶有懼焉。雖因阻擊之。猶恐不勝。且今之勍者，皆吾敵也。雖及胡耇，獲則取之，何有於二毛。今之勍者。謂與吾競者。胡

耇。元老之稱明恥教戰求殺敵也明設刑戮以恥不果傷未
及死如何勿重言尚能害已若愛重傷則如勿傷
愛其二毛則如服焉言苟不欲傷殺敵人。則本可不須鬭三軍
以利用也爲利興金鼓以聲氣也鼓以佐士衆之聲氣利
而用之阻隘可也聲盛致志鼓儳可也儳巖未整
陳。○儳仕銜反丙子晨鄭文夫人芊氏姜氏勞楚子
於柯澤楚子還過鄭。鄭文公夫人芊氏。楚女。姜氏。齊女也。柯澤。鄭地○芊彌爾反
勞力報反楚子使師縉示之俘馘師縉。楚樂師也。俘。所得囚。馘。所

截耳君子曰。非禮也。婦人送迎不出門。見兄弟不踰閾閾。門限。○閾音域。又況域反戎事不邇女器邇。近也。器。物也。言俘馘非近婦人之物丁丑。楚子入饗于鄭。爲鄭所饗九獻用上公之禮。九獻酒而禮畢庭實旅百庭中所陳。品數百也加籩豆六品食物六品。加於籩豆。籩豆。禮食器饗畢。夜出。文芊送于軍。取鄭二姬以歸。二姬。文芊女也叔詹曰。楚王其不沒乎不以壽終爲禮卒於無別。無別不可謂禮。將何以沒。諸侯是以知其不遂霸也。言楚子所以師

敗城濮。終爲商臣所弑。○別彼列反

經。二十有三年。春。齊侯伐宋。圍緡。緡。宋邑。高平昌邑縣東南有東緡城。○緡亡巾反 夏五月。庚寅。宋公茲父卒。三同盟。秋。楚人伐陳。冬。十有一月。杞子卒。傳例曰。不書名。未同盟也。杞入春秋稱侯。莊二十七年絀稱伯。至此用夷禮。貶稱子。○絀勑律反

傳。二十三年。春。齊侯伐宋。圍緡。以討其不與盟于齊也。十九年盟于齊。以無忘桓公之德。而宋獨不會。復召齊人共盟鹿上。故今討之。○與音預 夏。五月。宋襄公卒。傷於泓故也。終子

魚之言。得死爲幸
秋。楚成得臣帥。師伐陳。討其貳於宋也。成得臣。子玉也遂取焦夷城頓而還。焦今譙縣也。夷一名城父。今譙郡城父縣。二地皆陳邑。頓國。今汝陰南頓縣子文以爲之功。使爲令尹。叔伯曰。子若國何。叔伯楚大夫薳呂臣也。以爲子玉不任令尹。薳爲彼反任音壬對曰。吾以靖國也。夫有大功而無貴仕。貴仕貴位其人能靖者與。有幾。言必矜功爲亂。不可不賞。與音餘幾居豈反九月。晉惠公卒。經在明年。從赴懷公命無從亡人。懷公子圉。亡人。重耳期期而不至。無赦。

狐突之子毛及偃從重耳在秦弗召偃子犯也○期期上如字下音基從才用反冬懷公執狐突曰子來則免未期而執突以不召子故對曰子之能仕父教之忠古之制也策名委質貳乃辟也名書於所臣之策屈膝而君事之則不可以貳辟罪也○質如字辟婢亦反今臣之子名在重耳有年數矣若又召之教之貳也父教子貳何以事君刑之不濫君之明也臣之願也淫刑以逞誰則無罪臣聞命矣乃殺之卜偃稱疾不

出。曰。周書有之。乃大明服周書康誥。言君能大明則民服已則不明而殺人以逞。不亦難乎。民不見德。而唯戮是聞。其何後之有言懷公必無後於晉。爲二十四年殺懷公張本十一月。杞成公卒。書曰子。杞夷也成公始行夷禮以終其身。故於卒貶之。杞實稱伯。仲尼以文貶稱子。故傳言書曰子以明之不書名。未同盟也。凡諸侯同盟。死則赴以名。禮也隱七年已見。今重發不書名者。疑降爵故也。此凡又爲國史承告而書例赴以名則亦書之謂未同盟不然則否謂同盟而不以名告辟不敏也。敏猶審也。同盟然後告名。赴者之禮也。承赴然後書策。史官之制也。內外之宜不同。故傳重詳其義。晉公子重耳之及於難也。晉人伐諸蒲城。事在五年。蒲城人欲戰。重耳不可。曰。保君父之命而享其生祿。享。受也。保猶恃也。於是乎得人。以祿致衆。有人而校。罪莫大焉。校。報也。吾其奔也。遂奔狄。從者狐偃。趙衰。衰。趙夙弟。顛頡。魏武子。武子。魏犨。○頡戶結反。犨尺由反。司空季子。胥臣臼季也。時狐毛。賈佗。皆從。而獨舉此五人。賢而有大功。○臼其九反。狄人伐廧咎如。廧咎如。赤狄之別種也。隗姓。○

（廧在良反。咎古刀反。隗五罪反，下同。）獲其二女叔隗、季隗，納諸公子。公子取季隗，生伯儵、叔劉；以叔隗妻趙衰，生盾。（盾，趙宣子。○儵直由反。妻七計反。盾徒本反。）將適齊，謂季隗曰：「待我二十五年，不來而後嫁。」對曰：「我二十五年矣，又如是而嫁，則就木焉。（言將死入木，不復成嫁。）請待子。」處狄十二年而行。（以五年奔狄，至十六年而去。）

過衛，衛文公不禮焉。出於五鹿，（五鹿，衛地。今衛縣西北有地名五鹿，陽平元城縣東亦有五鹿。）乞食於野人，野人與之塊。

公子怒欲鞭之子犯曰天賜也得土有國之祥故以爲天賜○塊苦對反又苦怪反稽首受而載之及齊齊桓公妻之有馬二十乘四馬爲乘八十匹也公子安之從者以爲不可將行謀於桑下齊桓既卒知孝公不可恃故蠶妾在其上以告姜氏姜氏殺之姜氏重耳妻恐孝公怒其去故殺妾以滅口而謂公子曰子有四方之志其聞之者吾殺之矣公子曰無之姜曰行也懷與安實敗名公子不可姜與子犯謀醉而遣之醒

以戈逐子犯（無去志。故怒。敗必邁反。醒星頂反）及曹。曹共公聞其駢脅。欲觀其裸。浴。薄而觀之（薄。迫也。駢脅。合幹。脅許業反。駢脅。并也。脅幹謂之肋。裸力果反）僖負羈之妻曰。吾觀晉公子之從者。皆足以相國。若以相（若遂以爲傅相。羈紀宜反。相息亮反）夫子必反其國。反其國。必得志於諸侯。得志於諸侯。而誅無禮。曹其首也。子盍蚤自貳焉（自貳。自別異於曹）乃饋盤飧。寘璧焉（臣無竟外之交。故用盤藏璧飧中。不欲令人見。飧音孫）公子受飧反璧。及宋宋襄公贈之以馬二十乘贈送也及鄭鄭文公亦不禮焉叔詹諫曰臣聞天之所啓人弗及也啓開也晉公子有三焉天其或者將建諸君其禮焉男女同姓其生不蕃蕃息也蕃音煩晉公子姬出也而至于今一也犬戎狐姬之子故曰姬出離外之患出奔在外而天不靖晉國殆將啓之二也有三士足以上人而從之三也國語狐偃趙衰賈佗三人皆卿才從如字一才用反晉鄭同儕儕等也儕士皆反其過子

弟。固將禮焉。況天之所啓乎。弗聽。及楚。楚子饗之。曰。公子若反晉國。則何以報不穀。對曰。子女玉帛。則君有之。羽毛齒革。則君地生焉。其波及晉國者。君之餘也。其何以報君。曰。雖然。何以報我。對曰。若以君之靈。得反晉國。晉楚治兵。遇於中原。其辟君三舍。若不獲命三退。不得楚止命也。過古禾反其左執鞭弭。右屬櫜鞬。以與君周旋弭。弓末無緣者。櫜以受箭。鞬以受弓。屬。著也。周旋。相追逐也。弭莫爾反

屬音燭櫜古刀反鞬九言反緣悦絹反子玉請殺之畏其志大楚子

曰晉公子廣而儉志廣而體儉文而有禮其從者

肅而寬肅。敬也忠而能力。晉侯無親外內惡之。

晉侯惠公。○惡去聲吾聞姬姓唐叔之後其後衰者也。

其將由晉公子乎。天將興之誰能廢之違天

必有大咎。乃送諸秦。秦伯納女五人懷嬴與

焉懷嬴子圉妻子圉謚懷公故號爲懷嬴奉匜沃盥既而揮之

匜。沃盥器也。揮。湔也。○奉芳勇反匜以支反一以紙反盥古緩反怒曰秦晉匹也何以卑我匹敵也公子懼降服而囚去上服自拘囚以謝之○去起呂反他日公享之子犯曰吾不如衰之文也有文辭也○衰初危反請使衰從公子賦河水河水逸詩義取河水朝宗于海海喻秦公賦六月六月詩小雅道尹吉甫佐宣王征伐喻公子還晉必能匡王國古者禮會因古詩以見意故言賦詩斷章也其全稱詩篇者多取首章之義他皆放此○見賢遍反斷端緩反趙衰曰重耳拜賜公子降拜稽首公降一級而辭焉下階一級辭公子稽首衰曰君稱所以佐天子者命重耳重耳

敢不拜詩首章言匡王國次章言佐天子故趙衰因通言之爲明年秦伯納之張本

經二十有四年春王正月夏狄伐鄭秋七月冬天王出居于鄭襄王也天子以天下爲家故所在稱居天子無外而書出者譏王蔽於匹夫之孝不顧天下之重因其辟母弟之難書出言其自絕於周晉侯夷吾卒文公定位而後告未同盟而赴以名

傳二十四年春王正月秦伯納之不書不告入也納重耳也及河子犯以璧授公子曰臣負羈

紲。從君巡於天下。羈。馬羈。紲。馬繮。○羈紀宜反。馬絡頭也。紲息列反。繫也。○從才用反。又如字。臣之罪甚多矣。臣猶知之。而況君乎。請由此亡。公子曰。所不與舅氏同心者。有如白水。子犯。重耳舅也。言與舅氏同心之明。如此白水。猶詩言謂予不信。有如皦日。投其璧于河。質信於河。○質音致。濟河。圍令狐。入桑泉。取臼衰。桑泉在河東解縣西。解縣東南有臼城。○衰初危反。解戶買反。二月。甲午。晉師軍于廬柳。懷公遣軍距重耳。秦伯使公子縶如晉師。師退。軍于郇。解縣西北有郇城。辛丑。狐

偃及秦晉之大夫盟于郇。壬寅。公子入于晉
師。丙午。入于曲沃。丁未。朝于武宮文公之祖武公廟
戊申。使殺懷公于高梁。不書。亦不告也懷公奔高
梁。高梁在平陽楊縣西南。再發不告者。言外諸侯入。及見殺。亦皆須告。乃書于策呂
郤畏偪呂甥。郤芮。惠公舊臣。故畏爲文公所偪害將焚公宮而弒
晉侯。寺人披請見。公使讓之。且辭焉辭不見。○請見
賢遍反曰。蒲城之役在五年君命一宿。女即至即日
至其後余從狄君以田渭濵田獵女爲惠公來

求殺余。命女三宿。女中宿至。雖有君命。何其速也。夫袪猶在。披所斬文公衣袂也。○爲于僞反。中丁仲反。下注同。袪起魚反女其行乎。對曰。臣謂君之入也。其知之矣。知君人之道若猶未也。又將及難。君命無二。古之制也。除君之惡。唯力是視。蒲人狄人。余何有焉。當二君世。君爲蒲狄之人。於我有何義今君即位。其無蒲狄乎。齊桓公置射鉤。而使管仲相。乾時之役。管仲射桓公。中帶鉤。○射食亦反君若易之。何辱命焉。言君反齊桓。已將自去。不須辱君命行者甚衆豈唯刑臣披奄人故稱刑臣公見之。以難告告呂郤欲焚公宮三月。晉侯潛會秦伯于王城。己丑晦。公宮火。瑕甥郤芮不獲公。乃如河上。秦伯誘而殺之。晉侯逆夫人嬴氏以歸秦穆公女。文嬴也秦伯送衛於晉三千人實紀綱之僕新有呂郤之難。國未輯睦。故以兵衛文公。諸門戶僕隸之事。皆秦卒共之。爲之紀綱。初。晉侯之豎頭須守藏者也頭須。一曰里鳧須豎。左右小吏。○豎上注反。藏才浪反。下同。里鳧須。房孚反。韓詩外傳云。晉文公亡。過曹。里鳧須從。因盜重耳資而亡。重耳無糧。餒不能行。介子推割股以食重耳。然後能行。其出也竊藏以逃文公出時盡用以求納之求納文公及入求見公辭焉以沐。謂僕人曰。沐則心覆。心覆則圖反。宜吾不得見也。居者爲社稷之守。行者爲羇絏之僕。其亦可也。何必罪居者。國君而讎匹夫。懼者甚衆矣。僕人以告。公遽見之言弃小怨。所以能安衆。○見賢遍反。下得見同狄人歸季隗于晉而請其二子二子。伯儵。叔劉文公妻趙衰生原同屏括樓嬰原。屏樓。（三子之邑。○妻七計反屏步丁反）趙姬請逆盾與其母（趙姬文公女也。盾狄女叔隗之子。）子餘辭（子餘趙衰字。）姬曰：得寵而忘舊，何以使人？必逆之。固請，許之。來，以盾爲才，固請于公，以爲嫡子，而使其三子下之；以叔隗爲內子，而己下之。（卿之嫡妻爲內子。皆非此年事。蓋因狄人歸季隗。遂終言叔隗。）晉侯賞從亡者，介之推不言祿，祿亦弗及。（介推文公微臣。之語助。○從才用反推昌誰反）推曰：獻公之子九人，唯君在矣。惠、懷無親，外內弃之。天未絕晉必將有主。主晉祀者，非君而誰？天實置之，而二三子以爲己力，不亦誣乎？竊人之財，猶謂之盜，況貪天之功以爲己力乎？下義其罪，上賞其姦，上下相蒙（蒙，欺也），難與處矣。其母曰：盍亦求之？以死誰懟？對曰：尤而效之，罪又甚焉。且出怨言，不食其食（怨言，謂上下相蒙難與處。○懟，直類反）。其母曰：亦使知之，若何（既不求之，且欲令推達言於文公）？對曰：言，身之文也。身將隱，焉用文之？是求顯也。

其母曰能如是乎與女偕隱（偕俱也女音汝）遂隱
而死晉侯求之不獲以緜上爲之田曰以志
吾過且旌善人（旌表也西河界休縣南有地名緜上）鄭之入滑
也滑人聽命（入滑在二十年）師還又即衛鄭公子士
洩堵俞彌帥師伐滑（堵俞彌鄭大夫）王使伯服游孫
伯如鄭請滑（二子周大夫）鄭伯怨惠王之入而不
與厲公爵也（事在莊二十一年）又怨襄王之與衛滑
也（怨王助衛爲滑請）故不聽王命而執二子王怒將

以狄伐鄭。富辰諫曰。不可。臣聞之。大上以德撫民。無親疏也。其次親親以相及也。先親以及疏。推恩以成義。昔周公弔二叔之不咸。故封建親戚以蕃屏周。弔傷也。咸同也。周公傷夏殷之叔世。疏其親戚。以至滅亡。故廣封其兄弟。管蔡郕霍魯衛毛聃郜雍曹滕畢原酆郇文之昭也。十六國皆文王子也。管國在滎陽京縣東北。雍國在河內山陽縣西。畢國在長安縣西北。酆國在始平鄠縣東。○聃乃甘反。雍於用反。郇音荀。邘晉應韓武之穆也。四國皆武王子。應國在襄陽城父縣西南。韓國在河東郡界。河內野王縣西北。

有邢城。邢音于。凡蔣邢茅胙祭周公之胤也。胤嗣也。蔣在弋陽期思縣。高平昌邑縣西有茅鄉。東郡燕縣西南有胙亭。祭音瘵。召穆公思周德之不類。故糾合宗族于成周而作詩。類。善也。糾。收也。召穆公。周卿士。名虎。召。采地。扶風雍縣東南有召亭。周厲王之時。周德衰微。兄弟道缺。召穆公于東都收會宗族。特作此周公之樂歌。常棣詩屬小雅。曰常棣之華。鄂不韡韡。常棣。棣也。鄂鄂然。華外發。不韡韡。言韡韡。以喻兄弟和睦。則強盛而有光煇韡韡然。○不方九反。韡韋鬼反。凡今之人莫如兄弟。言致韡韡之盛。莫如親兄弟。其四章曰兄弟鬩于牆。

外禦其侮鬩。訟爭貌。言內雖不和。猶宜外扞異族之侵侮○鬩呼歷反如是則兄弟雖有小忿。不廢懿親懿。美也今天子不忍小忿。以弃鄭親。其若之何。庸勳親親。暱近尊賢。德之大者也。庸。用也。暱。親也○暱女乙反即聾從昧與頑用嚚。姦之大者也。弃德崇姦。禍之大者也崇。聚也鄭有平惠之勳平王東遷。晉鄭是依。惠王出奔。虢鄭納之。是其勳也又有厲宣之親鄭始封之祖桓公友。周厲王之子。宣王之母弟弃嬖寵而用三良七年殺嬖臣申侯。十六年殺寵子子華也。三良。

叔詹。堵叔。師叔。所謂尊賢於諸姬爲近道近。當暱之四德具矣。耳不聽五聲之和爲聾。目不別五色之章爲昧。心不則德義之經爲頑。口不道忠信之言爲嚚。狄皆則之。四姦具矣。周之有懿德也。猶曰莫如兄弟。故封建之當周公時。故言周之有懿德其懷柔天下也。猶懼有外侮。扞禦侮者莫如親親。故以親屏周。召穆公亦云周公作詩。召公歌之。故言亦云今周德既衰。於是乎又渝周召。以從諸姦。無乃不可乎。變周召親兄弟之道。民未忘禍。王又興之。前有子頹之亂。中有叔帶召狄。故曰民未忘禍。其若文武何。言將廢文武之功業。王弗聽。使頹叔桃子出狄師。二子。周大夫。夏。狄伐鄭。取櫟。王德狄人。將以其女爲后。富辰諫曰。不可。臣聞之曰。報者倦矣。施者未厭。施。功勞也。有勞則望報過甚。櫟力狄反。施如字。厭於豔反。又於鹽反。狄固貪惏。王又啓之。女德無極。婦怨無終。婦女之志。近之則不知止足。遠之則忿怨無已。終猶已也。惏力南反。方言云。殺人而取其財曰惏。狄必爲患。王又弗聽。初甘昭公有寵於惠后（甘昭公。王子帶也。食邑於甘。河南縣西南有甘水）惠后將立之。未及而卒。昭公奔齊（奔齊在十二年）王復之。（在二十二年）又通於隗氏。（隗氏。王所立狄后）王替隗氏。（替。廢也）頹叔桃子曰。我實使狄。狄其怨我。遂奉大叔。以狄師攻王。王御士將禦之。（周禮。王之御士十二人）王曰。先后其謂我何。（先后。惠后也。誅大叔。恐違先后志）寧使諸侯圖之。王遂出。及坎欿。國人納之。（坎欿。周地。在河南鞏縣東。○欿大感反）秋。頹叔桃子奉大叔以狄師伐周。大敗周師。獲周公忌父原伯毛伯富辰原。毛。皆采邑王出適鄭。處于氾鄭南氾也。在襄城縣南。○氾音凡。後皆同大叔以隗氏居于溫。鄭子華之弟子臧出奔宋十六年殺子華故好聚鷸冠鷸。鳥名。聚鷸羽以爲冠。非法之服○鷸尹橘反。翠鳥也鄭伯聞而惡之惡其服非法使盜誘之。八月。盜殺之于陳宋之閒。君子曰。服之不衷。身之災也衷猶適也。○衷音忠。一丁仲反詩曰。彼己之子。不稱其服詩。曹風。刺小人在位。言彼人之德。不稱其服。○

子臧之服不稱也夫。詩曰：自詒伊已音記。稱尺證反感，其子臧之謂矣。詩小雅。詒，遺也。慼，憂也。取其自遺憂。○遺，唯季反。夏書曰：地平天成，稱也。夏書，逸書。地平其化，天成其施。上下相稱爲宜。宋及楚平。宋成公如楚，還入於鄭。鄭伯將享之，問禮於皇武子。皇武子，鄭卿。對曰：宋，先代之後也，於周爲客，天子有事膰焉；有事，祭宗廟也。膰，祭肉。尊之，故賜以祭胙。有喪拜焉。宋弔周喪，王特拜謝之。豐厚可也。鄭伯從之，享宋公有加，禮也。禮物事事加厚。善鄭能尊先代。

王使來告難曰。不穀不德。得罪于母弟之寵子帶。鄙在鄭地氾。鄙。野也。敢告叔父。天子謂同姓諸侯曰叔父。臧文仲對曰。天子蒙塵于外。敢不奔問官守。官守。王之羣臣。守。手又反。下同。王使簡師父告于晉。使左鄢父告于秦。二子。周大夫。鄢。於晚反。天子無出。書曰。天王出居于鄭。辟母弟之難也。叔帶。襄王同母弟。天子凶服降名。禮也。凶服。素服。降名。稱不穀。鄭伯與孔將鉏。石甲父。侯宣多。省視官具于氾。三子。鄭大夫。省官司具器用。鉏仕居反而後聽其私政禮也得先君後已之禮衛人將伐邢。禮至曰。不得其守。國不可得也禮至衛大夫。守謂邢正卿國子我請昆弟仕焉。乃往得仕爲明年滅邢傳

經二十有五年。春。王正月。丙午。衛侯燬滅邢衛邢同姬姓。惡其親親相滅。故稱名罪之夏四月。癸酉。衛侯燬卒無傳。五同盟宋蕩伯姬來逆婦無傳。伯姬。魯女。爲宋大夫蕩氏妻也。自爲其子來逆。稱婦。姑存之辭。婦人越竟迎婦。非禮。故書。○自爲于僞反宋殺其

大夫無傳。其事則未聞。於例爲大夫無罪。故不稱名秋楚人圍陳納頓子于頓頓迫於陳。而出奔楚。故楚圍陳以納頓子。不言遂。明一事也。子玉稱人。從告。頓子不言歸。興師見納故葬衛文公無傳冬十有二月。癸亥。公會衛子莒慶盟于洮洮。魯地。衛文公既葬。成公不稱爵者。述父之志。降名從未成君。故書子以善之。莒慶不稱氏。未賜族

傳。二十五年。春。衛人伐邢。二禮從國子巡城。掖以赴外。殺之。正月丙午。衛侯燬滅邢。同姓也。故名。禮至爲銘曰。余掖殺國子。莫余敢止

惡其不知恥。詐以滅同姓。而反銘功於器秦伯師于河上。將納王。狐偃言於晉侯曰。求諸侯莫如勤王。勤。納王也諸侯信之。且大義也。繼文之業。而信宣於諸侯。今爲可矣。晉文侯仇。爲平王侯伯。匡輔周室使卜偃卜之。曰。吉。遇黃帝戰于阪泉之兆。黃帝與神農之後姜氏。戰于阪泉之野。勝之。今得其兆。故以爲吉公曰。吾不堪也。文公自以爲已當此兆。故曰不堪對曰。周禮未改。今之王。古之帝也。言周德雖衰。其命未改。今之周王自當帝兆。不謂晉公曰。筮之。筮之遇大有

乾下離上。大有 之睽 兌下離上。睽。大有九三變而爲睽 曰

吉。遇公用享于天子之卦［大有九三爻辭也。三爲三公而得位。變而爲兌。兌爲說。得位而說。故能爲王所宴饗也］戰克而王饗。吉孰大焉［言卜筮協吉］且是卦也［方更揔言二卦之義。不繫於一爻］天爲澤以當日。天子降心以逆公。不亦可乎［乾爲天。兌爲澤。乾變爲兌。而上當離。離爲日。日之在天。垂曜在澤。天子在上。說心在下。是降心逆公之象］大有去睽而復。亦其所也［言去睽卦還論大有。亦有天子降心之象。乾尊離卑。降尊下卑。亦其義也］晉侯辭秦師而下［辭讓］

温秦師使還。順流。故曰下三月甲辰。次于陽樊。右師圍大叔在温故左師逆王。夏四月丁巳。王入于王城取大叔于温。殺之于隰城。戊午。晉侯朝王。王饗醴。命之宥。既行饗禮而設醴酒。又加之以幣帛。以助歡也。宥助也請隧。弗許。闕地通路曰隧。王之葬禮也。諸侯皆縣柩而下曰。王章也。章顯王者。與諸侯異未有代德而有二王。亦叔父之所惡也。與之陽樊温原欑茅之田。晉於是始啓南陽。在晉山南河北。故曰南陽。欑才官反陽樊不服。圍之。倉葛呼曰。蒼葛陽樊人○呼喚故反德以柔中國刑以威四夷。宜吾不敢服也。此誰非王之親姻。其俘之也。乃出其民。取其土而已秋。秦晉伐鄀鄀本在商密。秦楚界上小國。其後遷於南郡鄀縣。○鄀音若楚鬭克屈禦寇以申息之師戍商密鬭克。申公子儀。屈禦寇。息公子邊。商密。鄀別邑。今南鄉丹水縣。戍守也。二子屯兵於析以爲商密援秦人過析隈入而係輿人以圍商密。昏而傅焉析。楚邑。一名白羽。今南鄉析縣。隈隱蔽之處。係縛輿人。詐爲克析得其囚俘者。昏而傅城。不欲令商密知囚非析人。○隈烏回反係音計傅音附宵坎血加書僞與子儀子邊盟者（掘地爲坎以埋盟之餘血加盟書其上）商密人懼曰秦取析矣戍人反矣乃降秦師秦師囚申公子儀息公子邊以歸（商密既降析戍亦敗故得囚二子）楚令尹子玉追秦師弗及（不復言晉者秦爲兵主）遂圍陳納頓子于頓（爲頓圍陳）冬晉侯圍原命三日之糧原不降命去之諜出（諜閒也）曰原將降矣軍吏曰請待之公曰信國之寶也民之所庇也得原失信何以庇之所

亡滋多。退一舍而原降。遷原伯貫于冀伯貫周守原大夫也趙衰爲原大夫。狐溱爲溫大夫。狐溱。狐毛之子衛人平莒于我。十二月。盟于洮。脩衛文公之好。且及莒平也。莒以元年酈之役怨魯。衛文公將平之。未及而卒。成公追成父志。降名以行事。故曰脩文公之好。○酈力知反晉侯問原守於寺人勃鞮。勃鞮披也。○守手又反。鞮丁兮反對曰。昔趙衰以壺飧從徑。餒而弗食。言其廉且仁。不忘君也。徑猶行也。○飧音孫。從才用反故使處原。從披言也。衰雖有大功。猶簡小善以進之。示不遺勞經二十有六年春王正月己未公會莒子衞甯速盟于向向莒地甯速衞大夫莊子也○向舒亮反齊人侵我西鄙公追齊師至酅弗及公逐齊師遠至齊地故書之濟北穀城縣西有地名酅下○酅戶圭反夏齊人伐我北鄙孝公未入魯竟先使微者伐之衞人伐齊公子遂如楚乞師公子遂魯卿也乞不保得之辭秋楚人滅夔以夔子歸夔楚同姓國今建平秭歸縣夔有不祀之罪故不譏楚滅同姓冬楚人伐宋圍緡公以楚師伐齊取穀傳例曰師能左右之曰以公至自伐齊無傳

傳二十六年春王正月公會莒茲丕公（茲丕時君之號莒夷無謚以號爲稱）甯莊子盟于向尋洮之盟也（洮盟在前年）齊師侵我西鄙討是二盟也夏齊孝公伐我北鄙衛人伐齊洮之盟故也公使展喜犒師（勞齊師）使受命于展禽（柳下惠）齊侯未入竟展喜從之曰寡君聞君親舉玉趾將辱於敝邑使下臣犒執事（言執事不敢斥尊）齊侯曰魯人恐乎對曰小人恐矣君子則否齊侯曰室如縣

罄。野無青草。何恃而不恐。如，而也。時夏四月，今之二月。野物未成。故言居室而資糧縣盡。在野則無蔬食之物。所以當恐。對曰。恃先王之命。昔周公。大公。股肱周室。夾輔成王。成王勞之。而賜之盟曰。世世子孫。無相害也。載在盟府。載。載書也。大師職之。職。主也。大公爲大師。兼主司盟之官。桓公是以糾合諸侯。而謀其不協。彌縫其闕。而匡救其災。昭舊職也。及君即位。諸侯之望曰。其率桓之功。率。循也。○縫。扶容反。我敝邑用不敢保聚。用此舊盟。

僖二十六年

故不聚衆保守曰。豈其嗣世九年。而弃命廢職。其若
先君何。君必不然。恃此以不恐。齊侯乃還。東
門襄仲。臧文仲。如楚乞師。襄仲居東門。故以爲氏。臧文仲爲襄
仲副使。故不書臧孫見子玉。而道之伐齊宋。以其不
臣也。言其不臣事周室。可以此罪責而伐之夔子不祀祝融與
鬻熊。祝融。高辛氏之火正。楚之遠祖也。鬻熊祝融之十二世孫。夔楚之別封。故亦世
紹其祀楚人讓之。對曰。我先王熊摯有疾。鬼神
弗赦。而自竄于夔。熊摯。楚嫡子。有疾不得嗣位。故別封爲夔子吾

是以失楚，又何祀焉？廢其常祀而飾辭文過。秋，楚成得臣、鬭宜申帥師滅夔，以夔子歸。成得臣，令尹子玉也。鬬宜申，司馬子西也。宋以其善於晉侯也，重耳之出也，宋襄公贈馬二十乘。叛楚即晉。冬，楚令尹子玉、司馬子西帥師伐宋，圍緡。公以楚師伐齊，取穀。凡師能左右之曰以。左右謂進退在已。○左右竝如字。寘桓公子雍於穀，易牙奉之以爲魯援。雍本與孝公爭立，故使居穀以偪齊。楚申公叔侯戍之。爲二十八年楚子使申叔去穀張本。桓公之子七

人爲七大夫於楚言孝公不能撫公族

春秋經傳集解僖公中第六

相臺岳氏刻梓荆谿家塾

內閣中書臣羅錦森敬書

春秋卷六考證

十八年傳衆不可而後師于訾婁。傳言邢狄伐衛文公恐人心未固故先以國讓逮衆人不可乃陳師訾婁以決必勝此而後二字意也　殿本閣本後作從似屬衆人解于文義未順

二十四年傳生原同屏括樓嬰。樓邑名　殿本閣本作摟訛案地志隰州永和縣南十里有樓山城後周置歸化縣隋開皇十八年改曰樓山蓋取縣南樓山爲名據此樓字皆从木不从手

鄭之入滑也註入滑在二十年。　殿本閣本作二十

一年案鄭公子士洩堵寇帥師入滑在二十年夏非二十一年也應從原本

二十五年傳王饗醴命之宥註又加之以幣帛以助歡也。案設醴以合君臣之歡復加幣帛以助之是助歡也　殿本閣本歡作勸誤

秦人過析註析楚邑一名白羽。白羽閣本作曰羽案昭十八年傳云楚子使王子勝遷許于析實白羽杜註云時白羽改爲析閣本曰羽係白羽之訛

春秋經傳集解僖公下第七

盡三十三年

經二十有七年春，杞子來朝。夏六月庚寅，齊侯昭卒。[illegible]年與魯[illegible]盟于齊。秋八月乙未，葬齊孝公。無傳。三月而葬，速。乙巳，公子遂帥師入杞。弗地曰入。八月無乙巳。乙巳，九月六日。冬，楚人、陳侯、蔡侯、鄭伯、許男圍宋。傳言楚子使子玉去宋，經書人者，恥不得志，以微者告，猶序諸侯之上，楚主兵故。十有二月甲戌，公會諸侯，盟于宋。無傳。諸侯伐宋，公與楚有

好而往會之非後期宋方見圍無嫌於與盟故直以宋地

傳二十七年春杞桓公來朝用夷禮故曰子杞先代之後而迫於東夷風俗雜壞言語衣服有時而夷故杞子卒傳言其夷也今稱朝者始於朝禮終而不全異於介葛盧故唯貶其爵公卑杞杞不共也杞用夷禮故賤之○共音恭夏齊孝公卒有齊怨前年齊再伐魯不廢喪紀禮也弔贈之數不有廢秋入杞責無禮也責不共也楚子將圍宋使子文治兵於睽子文時不爲令尹故云使治兵習號令也睽楚邑終朝而畢不戮一人終朝自旦

及食時也。子文欲委重於子玉，故略其事。子玉復治兵於蔿，子玉爲令尹故。蔿，楚邑。○蔿，于委反。終日而畢，鞭七人，貫三人耳。國老皆賀子文，子文飲之酒。賀子玉堪其事。○貫，音官，又古亂反。飲，於鴆反。蔿賈尚幼，後至，不賀。蔿賈，伯嬴，孫叔敖之父。幼，少也。子文問之，對曰：「不知所賀。子之傳政於子玉，曰：『以靖國也。』靖諸內而敗諸外，所獲幾何？子玉之敗，子之舉也。舉以敗國，將何賀焉？子玉剛而無禮，不可以治民，過三百乘，其不能以入矣苟入而賀何後之有三百乘二萬二千五百人冬楚子及諸侯圍宋宋公孫固如晉告急公孫固宋莊公孫先軫曰報施救患取威定霸於是乎在矣先軫晉下軍之佐原軫也報宋贈馬之施狐偃曰楚始得曹而新昏於衛若伐曹衛楚必救之則齊宋免矣前年楚使申叔侯戍穀以偪齊於是乎蒐于被廬晉常以春蒐禮改政令敬其始也被廬晉地作三軍閔元年晉獻公作二軍今復大國之禮謀元帥中軍帥趙衰曰郤縠可臣亟聞其言矣說禮樂

而敦詩書詩書義之府也禮樂德之則也德義利之本也夏書曰賦納以言明試以功車服以庸尚書虞夏書也賦納以言觀其志也明試以功考其事也車服以庸報其勞也賦猶取也庸功也○縠胡木反亟欺冀反數也說音悅君其試之乃使郤縠將中軍郤溱佐之使狐偃將上軍讓於狐毛而佐之狐毛偃之兄命趙衰爲卿讓於欒枝先軫欒枝貞子也欒賓之孫使欒枝將下軍先軫佐之荀林父御戎魏犨爲右荀林父中行桓子○行戶剛反晉

侯始入而教其民。二年。欲用之。二十四年入子犯曰。民未知義。未安其居。無義則苟生於是乎出定襄王。二十五年定襄王。以示事君之義。入務利民。民懷生矣。將用之。子犯曰。民未知信。未宣其用。宣。明也。未明於見用之信於是乎伐原以示之信。伐原在二十五年民易資者不求豐焉。不詐以求多明徵其辭。重言信公曰。可矣乎。子犯曰。民未知禮。未生其共。於是乎大蒐以示之禮。蒐。順少長。明貴賤作執秩以正其官

執秩。主爵秩之官民聽不惑而後用之。出穀戍。釋宋圍楚子使申叔去穀。子玉去宋一戰而霸文之教也謂明年戰城濮

經二十有八年。春。晉侯侵曹。晉侯伐衛再舉晉侯者。曹衛兩來告公子買戍衛不卒戍刺之公子買魯大夫子叢也。內殺大夫皆書刺。言用周禮三刺之法。示不枉濫也。公實畏晉。殺子叢。而誣叢以廢戍之罪。恐不爲遠近所信。故顯書其罪楚人救衛。三月。丙午。晉侯入曹。執曹伯畀宋人畀。與也。執諸侯當以歸京師。晉欲怒楚使戰。故

以與宋。所謂譎而不正夏四月己巳。晉侯齊師宋師秦師及楚人戰于城濮。楚師敗績。宋公。齊國歸父。秦小子憖。既次城濮。以師屬晉。不與戰也。子玉及陳蔡之師不書。楚人恥敗。告文略也。大崩曰敗績○憖魚覲反。不與音預楚殺其大夫得臣子玉違其君命以取敗。稱名以殺。罪之衛侯出奔楚。五月癸丑。公會晉侯齊侯宋公蔡侯鄭伯衛子莒子盟于踐土踐土。鄭地。王子虎臨盟。不同歃。故不書。衛侯出奔。其弟叔武攝位受盟。非王命所加。從未成君之禮。故稱子而序鄭伯之下。經書癸丑。月十八日也。傳書癸亥。月二十八日。經傳必有誤。○踐慈演反。土如字。一音杜。**陳侯如會**無傳。陳本與楚。楚敗。懼而屬晉。來不及盟。故曰如會。**公朝于王所**無傳。王在踐土。非京師。故曰王所。**六月衛侯鄭自楚復歸于衛**復其位曰復歸。晉人感叔武之賢。而復衛侯。衛侯之入。由于叔武。故以國逆爲文。例在成十八年。**衛元咺出奔晉**元咺衛大夫。雖爲叔武訟訴。失君臣之節。故無賢文。奔例在宣十年。咺況晚反。**陳侯款卒**無傳。凡四同盟。**秋杞伯姬來**無傳。莊公女。歸寧曰來。**公子遂如齊**無傳。聘也。**冬公會晉侯齊侯宋公蔡侯鄭伯陳子莒子邾子秦人于溫**陳共公稱子。先君未葬。例在九年。宋襄公稱子，自在本班。陳共公稱子，降在鄭下。陳懷公稱子，而在鄭上。傳無義例，蓋主會所次。非褒貶也。**天王狩于河陽**晉地。今河內有河陽縣。晉實召王，爲其辭逆而意順。故經以王狩爲辭。**壬申。公朝于王所**壬申。十月十日。有日而無月。史闕文。**晉人執衛侯歸之于京師**稱人以執。罪及民也。例在成十五年。諸侯不得相治。故歸之京師。**衛元咺自晉復歸于衛**元咺與衛侯訟。得勝而歸。從國逆例者。明衛侯無道於民。國人與元咺。**諸侯遂圍許**會溫諸侯也。許比再會不至。故因會共伐之。**曹伯襄復歸于曹**晉感侯獳之言。而復曹伯。故從國逆例。○獳乃侯反。**遂會諸侯**

圍許。言遂得復而行。不歸國也

傳二十八年。春。晉侯將伐曹。假道于衛。曹在衛東故衛人弗許。還自南河濟。從汲郡南渡。出衛南而東侵曹。伐衛。正月。戊申。取五鹿。五鹿衛地二月。晉郤縠卒。原軫將中軍。胥臣佐下軍。上德也。先軫以下軍佐超將中軍。故曰上德。胥臣。司空季子晉侯。齊侯。盟于斂盂。斂盂。衛地。○斂音廉。又力檢反衛侯請盟。晉人弗許。衛侯欲與楚。國人不欲。故出其君。以說于晉。衛侯出居于襄牛。襄牛，衛地。○説音悦。公子買戍衛，晉伐衛，衛，楚之昏姻，魯欲與楚，故戍衛。楚人救衛，不克。公懼於晉，殺子叢以説焉。召子叢而殺之，以謝晉。謂楚人曰：不卒戍也。詐告楚人，言子叢不終戍事而歸，故殺之。殺子叢在楚救衛下，經在上者，救衛赴晚至。晉侯圍曹，門焉多死。攻曹城門。曹人尸諸城上。磔晉死人於城上。○磔，張宅反。晉侯患之，聽輿人之謀，曰稱舍於墓。輿，衆也。舍墓，爲將發冢。師遷焉，曹人兇懼，遷至曹人墓。兇兇，恐懼聲。○兇，凶勇反。爲其所得者棺而出之，因其兇也而攻之。

三月丙午入曹數之以其不用僖負羈而乘軒者三百人也且曰獻狀軒大夫車言其無德居位者多故責其功狀○棺古患反一音官今無入僖負羈之宮而免其族報施也報餽璧之施○施始豉反魏犨顛頡怒曰勞之不圖報於何有二子各有從亡之勞○頡戶結反從才用反爇僖負羈氏爇燒也魏犨傷於胷公欲殺之而愛其材材力使問且視之病將殺之魏犨束胷見使者曰以君之靈不有寧也言不以病故自安寧○見賢遍反

距躍三百曲踊三百距躍超越也曲踊跳踊也百猶勱也○三如字又息暫反百音陌下放此勱音邁乃舍之殺顛頡以徇于師立舟之僑以爲戎右舟之僑故虢臣閔二年奔晉以代魏犫爲先歸張本○舍如字又音捨宋人使門尹般如晉師告急門尹般宋大夫○般音班公曰宋人告急舍之則絕與晉絕告楚不許我欲戰矣齊秦未可若之何未肯戰先軫曰使宋舍我而賂齊秦求救於齊秦○舍音捨藉之告楚假借齊秦使爲宋請○藉在亦反借也我執曹君而分曹

衛之田以賜宋人楚愛曹衛必不許也不許齊秦之請喜賂怒頑能無戰乎言齊秦喜得宋賂而怒楚之頑必自戰也不可告請故曰頑公說執曹伯分曹衛之田以畀宋人楚子入居于申申在方城內故曰入使申叔去穀二十六年申叔戍穀使子玉去宋曰無從晉師晉侯在外十九年矣而果得晉國晉侯生十七年而亡亡十九年而反凡三十六年至此四十矣險阻艱難備嘗之矣民之情僞盡知之矣天假之年獻公之子九人唯文公在故曰天假之年而除

其害除惠懷呂郤天之所置其可廢乎。軍志曰。允當則歸無求過分。軍志。兵書又曰。知難而退。又曰。有德不可敵。此三志者。晉之謂矣謂今與晉遇。當用此三志子玉使伯棼請戰伯棼子越椒也。鬭伯比之孫。○棼扶云反。又扶粉反曰。非敢必有功也。願以閒執讒慝之口閒執猶塞也。讒慝若敖賈之言。謂子玉不能以三百乘入。○慝吐得反王怒。少與之師。唯西廣東宮與若敖之六卒。實從之楚子還申。遺此兵以就前圍宋之衆。楚有左右廣。又大子有宮甲。分取以給之。若敖。楚武王之祖父。葬若教者子玉之祖也六卒子玉宗人之兵六百人言不悉師以益之○廣古曠反子玉使宛春告於晉師曰請復衛侯而封曹臣亦釋宋之圍衛侯未出竟曹伯見執在宋已失位故言復衛封曹○宛於元反又於阮反子犯曰子玉無禮哉君取一臣取二君取一以釋宋圍惠晉侯臣取二復曹衛爲己功不可失矣言可伐先軫曰子與之定人之謂禮楚一言而定三國我一言而亡之我則無禮何以戰乎不許楚言是弃宋也救而弃之謂諸侯何言將爲諸侯所怪楚

有三施我有三怨怨讎已多將何以戰不如私許復曹衛以攜之私許二國使告絕于楚而後復之攜離也○施始豉反執宛春以怒楚既戰而後圖之須勝負決乃定計公說乃拘宛春於衛且私許復曹衛曹衛告絕於楚子玉怒從晉師晉師退軍吏曰以君辟臣辱也且楚師老矣何故退子犯曰師直爲壯曲爲老豈在久乎微楚之惠不及此重耳過楚楚成王有贈送之惠退三舍辟之所以報也一舍三十

里。初楚子云若反國何以報我故以退三舍爲報背惠食言以亢其讎亢猶當也。讎謂楚也。○亢苦浪反我曲楚直其衆素飽不可謂老直氣盈飽我退而楚還我將何求若其不還君退臣犯曲在彼矣退三舍楚衆欲止子玉不可夏四月戊辰晉侯宋公齊國歸父崔夭秦小子憖次于城濮國歸父崔夭齊大夫也。小子憖秦穆公子也。城濮衛地楚師背酅而舍酅丘陵險阻名。○酅戶圭反晉侯患之聽輿人之誦恐衆畏險故聽其歌誦曰原田每每。

舍其舊而新是謀高平曰原。喻晉君美盛。若原田之草每每然。可以謀立新功。不足念舊惠。○每亡回反。又梅對反。舍音捨公疑焉疑衆謂己背舊謀新子犯曰戰也。戰而捷。必得諸侯。若其不捷。表裏山河。必無害也。晉國外河而內山公曰。若楚惠何。○欒貞子曰。漢陽諸姬。楚實盡之。貞子。欒枝也。水北曰陽。姬姓之國。在漢北者。楚盡滅之思小惠而忘大恥。不如戰也。晉侯夢與楚子搏。搏。手搏楚子伏己而盬其腦。盬。啑也。○盬音古。啑子荅反。又所荅反是以懼。子犯曰。吉。我得天。楚伏其罪。吾且柔之矣晉侯上向。故得天。楚子下向地。故伏其罪。腦所以柔物。子犯審見事宜。故權言以荅夢子玉使鬬勃請戰鬬勃。楚大夫曰。請與君之士戲。君馮軾而觀之。得臣與寓目焉寓。寄也。與音預○晉侯使欒枝對曰。寡君聞命矣。楚君之惠。未之敢忘。是以在此。爲大夫退。其敢當君乎。既不獲命矣不獲止命敢煩大夫。謂二三子煩鬬勃。令戒敕子玉子西之屬戒爾車乘。敬爾君事。詰朝將見詰朝。平旦。○見如字。又賢遍反晉車七百乘韅靷鞅靽五萬二千五百人。在背曰韅。在胷曰靷。在腹曰鞅。在後曰靽。言駕乘脩備。韅許見反。又去見反。靷以刃反。鞅於杖反。靽音半。晉侯登有莘之虛以觀師。曰：少長有禮，其可用也。有莘，故國名。少長猶言大小。莘所巾反。虛丘魚反。遂伐其木以益其兵。伐木以益攻戰之具。輿曳柴亦是也。己巳，晉師陳于莘北，胥臣以下軍之佐當陳蔡。子玉以若敖之六卒將中軍。曰：今日必無晉矣。子西將左，子上將右。子西，鬭宜申。子上，鬭勃。陳直覲反。胥臣蒙馬以虎皮，先犯陳蔡。陳蔡奔。楚右師潰。陳蔡屬楚右師狐毛設二旆而退之旆，大旗也。又建二旆而退，使若大將稍却。欒枝使輿曳柴而僞遁曳柴起塵，詐爲衆走。楚師馳之。原軫郤溱以中軍公族橫擊之公族，公所率之軍。狐毛狐偃以上軍夾攻子西。楚左師潰。楚師敗績。子玉收其卒而止。故不敗三軍唯中軍完。是大崩。晉師三日館穀館，舍也。食楚軍穀三日。及癸酉而還。甲午，至于衡雍。作王宮于踐土衡雍，鄭地。今熒陽卷縣。襄王聞晉戰勝，自往勞之，故爲作宮。○雍於用反。卷音權鄉役之三月鄉猶屬也。城濮役之前三月。○（鄉）許亮反（屬）音燭鄭伯如楚致其師。爲楚師既敗而懼。使子人九行成于晉子人氏。九名晉欒枝入盟鄭伯。五月丙午。晉侯及鄭伯盟于衡雍。丁未。獻楚俘于王。駟介百乘。徒兵千。駟介。四馬被甲。徒兵。步卒鄭伯傅王。用平禮也。傳。相也。以周平王享晉文侯仇之禮享晉侯己酉。王享醴。命晉侯宥。既饗。又命晉侯助以束帛。以將厚意王命尹氏及王子虎。內史叔興父。策命晉侯爲侯伯以策書命晉侯爲伯也。周禮。九命作伯。尹氏。王子虎。皆王卿士也。叔興父。大夫也。三官命之。以寵晉賜之大輅之服。戎輅之服大輅。金輅。戎輅。戎車。二輅各有服彤弓一。彤矢百。玈弓矢千彤。赤弓。玈。黑弓。弓一矢百。則矢千弓十矣。諸侯賜弓矢。然後專征伐。○玈音盧秬鬯一卣秬。黑黍。鬯。香酒。所以降神。卣。器名。○卣音酉虎賁三百人。曰。王謂叔父。敬服王命。以綏四國。糾逖王慝逖。遠也。有惡於王者。糾而遠之。○賁音奔。逖勑歷反慝他得反晉侯三辭。從命。曰。重耳敢再拜稽首。奉揚天子之丕顯休命稽首。首至地。丕。大也。休。美也。○三息暫反。又如字受策以出出入三覲（出入猶去來也從來至去凡三見王）衛侯聞楚師敗懼出奔楚遂適陳（自襄牛出）使元咺奉叔武以受盟（奉使攝君事）癸亥王子虎盟諸侯于王庭（踐土宮之庭書踐土別於京師）要言曰皆獎王室無相害也有渝此盟明神殛之俾隊其師無克祚國（獎助也渝變也殛誅也俾使也隊隕也克能也○隊直類反）及而玄孫無有老幼君子謂是盟也信（合義信）謂晉於是役也能以德攻（以文德教民而後用之）初楚子玉自

爲瓊弁玉纓。未之服也弁以鹿子皮爲之。瓊玉之別名。次之以飾弁及纓。詩云。會弁如星先戰夢河神謂己曰。畀余。余賜女孟諸之麋孟諸宋藪澤。水草之交曰麋。○先如字。又悉薦反弗致也。大心與子西使榮黃諫大心。子玉之子。子西。子玉之族子玉剛愎。故因榮黃。榮黃榮季也。○愎皮逼反弗聽。榮季曰。死而利國。猶或爲之。況瓊玉乎。是糞土也。而可以濟師。將何愛焉因神之欲。以附百姓之願。濟師之理。○糞弗問反弗聽。出告二子曰。非神敗令尹。令尹其不勤民。實自敗也。盡心盡力。無所愛惜爲勤既敗。王使謂之曰。大夫若入其若申息之老何申息二邑子弟皆從子玉而死。言何以見其父老子西孫伯曰。得臣將死。二臣止之曰。君其將以爲戮孫伯即大心。子玉子也。二子以此荅王使。言欲令子玉往就君戮及連穀而死至連穀。王無赦命。故自殺也。文十年傳曰。城濮之役。王使止子玉曰。無死。不及。子西亦自殺。縊而縣絕。故得不死。王時別遣追前使。連穀楚地。殺得臣。經在踐土盟上。傳在下者。說晉事畢。而次及楚。屬文之宜。○屬音燭晉侯聞之。而後喜可知也。喜見於顏色。○見賢遍反曰。莫余毒也已。

蒍呂臣實爲令尹。奉已而已。不在民矣言其自守。無大志或訴元咺於衛侯曰。立叔武矣。其子角從公。公使殺之角。元咺子。○從才用反。又如字咺不廢命。奉夷叔以入守夷。諡。○守手又反六月。晉人復衛侯以叔武受盟於踐土。故聽衛侯歸。○聽吐丁反甯武子與衛人盟于宛濮武子。甯俞也。陳留長垣縣西南有宛亭。近濮水曰。天禍衛國。君臣不協。以及此憂也衛侯欲與楚。國人不欲。故不和也今天誘其衷衷。中也使皆降心以相從也。不有居者。誰守社稷。不有行者。誰扞牧圉。牛曰牧。馬曰圉。不協之故。用昭乞盟于爾大神。以誘天衷。自今日以往。既盟之後。行者無保其力。居者無懼其罪。有渝此盟。以相及也。以惡相及。明神先君。是糾是殛。國人聞此盟也。而後不貳。傳言叔武之賢。甯俞之忠。衛侯所以書復歸。衛侯先期入。不信叔武。○先悉薦反。甯子先長牂守門。以爲使也。與之乘而入。長牂。衛大夫。甯子患公之欲速。故先入。欲安喻國人。○牂子郎反。公子歂犬華仲前驅。衛侯遂驅。奄甯子未備。二子。衛大夫○歂市專反華戶化反。又如字叔武將沐。聞君至。喜。捉髮走出。前驅射而殺之。公知其無罪也。枕之股而哭之。公以叔武尸枕其股。○射食亦反歂犬走出。手射叔武故公使殺之。元咺出奔晉。元咺以衛侯驅入殺叔武。故至晉愬之城濮之戰。晉中軍風于澤。牛馬因風而走。皆失之亡大旆之左旃。大旆。旗名。繫旐曰旆。通帛曰旃。○旃章然反祁瞞奸命。掌此二事而不脩。爲奸軍令。○瞞莫干反奸音干司馬殺之。以徇于諸侯。使茅茷代之。師還。壬午。濟河。舟之僑先歸。士會攝右。權代舟之僑也。士會隨武子。士蔿之孫。茷扶廢反　秋。七月。丙申。振旅。愷以入于晉。愷。樂也。樂音洛　獻俘授馘。飲至。大賞。授。數也。獻楚俘於廟。數色主反　徵會討貳。徵召諸侯。將冬會于溫　殺舟之僑以徇于國。民於是大服。君子謂文公其能刑矣。三罪而民服。三罪。顛頡。祁瞞。舟之僑　詩云。惠此中國。以綏四方。不失賞刑之謂也。詩大雅。言賞刑不失。則中國受惠。四方安靖　冬。會于溫。討不服也。討衞許　衞侯與元咺訟。爭殺叔武

事甯武子爲輔。鍼莊子爲坐。士榮爲大士大士

治獄官也。周禮。命夫命婦不躬坐獄訟。元咺又不宜與其君對坐。故使鍼莊子爲主。又使衛之忠臣。及其獄官。質正元咺。傳曰。王叔之宰。與伯輿之大夫。坐獄於王庭。各不身親。蓋令長吏有罪。先驗吏卒之義也。鍼其廉反

衛侯不勝三子辭屈殺士榮。刖鍼莊子。謂甯俞忠而免之。執衛侯歸之于京師。寘諸深室。深室。別爲囚室甯子職納櫜饘焉甯俞以君在幽隘。故親以衣食爲己職。櫜。衣囊。饘。糜也。言其忠至。所慮者深。饘之然反

元咺歸于衛。立公子瑕瑕。衛公子適。也是會也。晉侯

召王。以諸侯見。且使王狩晉侯大合諸侯。而欲尊事天子以爲名義。自嫌强大。不敢朝周。喻王出狩。因得盡羣臣之禮。皆譎而不正之事。仲尼曰。以臣召君。不可以訓。故書曰。天王狩于河陽。言非其地也使若天王自狩。以失地。故書河陽。實以屬晉。非王狩地。且明德也隱其召君之闕。欲以明晉之功德。河陽之狩。趙盾之弑。泄冶之罪。皆違凡變例以起大義。危疑之理。故特稱仲尼以明之

壬申。公朝于王所執衛侯。經在朝王下。傳在上者。告執晚。

丁丑。諸侯圍許十月十五日。有日無月

晉侯有疾。曹伯之豎侯獳貨筮史豎。掌通內外者。

史。晉史使曰。以曹爲解以滅曹爲解故。戶賣反。又古買反⊙解齊桓公爲會而封異姓封邢衛今君爲會而滅同姓。曹叔振鐸。文之昭也叔振鐸。曹始封君。文王之子先君唐叔。武之穆也。且合諸侯而滅兄弟。非禮也。與衛偕命私許復曹衛而不與偕復。非信也。同罪異罰。非刑也。衛已復故禮以行義。信以守禮。刑以正邪。舍此三者。君將若之何。公說。復曹伯。遂會諸侯于許。晉侯作三行以禦狄。荀林父將

中行屠擊將右行。先蔑將左行晉置上中下三軍，今復增置三行，以辟天子六軍之名。三行無佐，疑大夫帥。○舍音捨，行戶郎反

經。二十有九年。春。介葛盧來介，東夷國也。在城陽黔陬縣。葛盧，介君名也。不稱朝，不見公，且不能行朝禮。雖不見公，國賓禮之，故書公至自圍許。無傳夏。六月，會王人、晉人、宋人、齊人、陳人、蔡人、秦人盟于翟泉。翟泉，今洛陽城內大倉西南池水也。魯侯諱盟天子大夫。諸侯大夫，又違禮盟公侯。王子虎違禮下盟。故不言公會，又皆稱人。○翟直歷反秋。大雨雹。○雨于付反雹蒲學反冬。介葛盧來

傳。二十九年。春。介葛盧來朝。舍于昌衍之上魯縣東南有昌平城。○衍以善反公在會。饋之芻米。禮也嫌公行不當致饋。故曰禮也夏。公會王子虎。晉狐偃。宋公孫固。齊國歸父。陳轅濤塗。秦小子慭。盟于翟泉。尋踐土之盟。且謀伐鄭也經書蔡人而傳無名氏。即微者。秦小子慭在蔡下者。若宋向戌之後會。○慭魚覲反卿不書。罪之也晉侯始霸。翼戴天子。諸侯輯睦。王室無虞。而王子虎下盟列國。以瀆大典。諸侯大夫上敵公侯。虧禮傷教。故貶諸大夫。諱公與盟在禮。卿不會公侯。會伯子男可也大國之卿。當小國之君。故可以會伯子男。諸卿之見貶。亦兼有此闕。故傳重發之秋。大雨雹。爲災也。冬。介葛盧來。以未見公。故復來朝。禮之。加燕好燕燕禮也。好好貨也。一歲再來。故加之介葛盧聞牛鳴。曰是生三犧。皆用之矣。其音云。問之而信傳言人聽或通鳥獸之情

經。三十年。春。王正月。夏。狄侵齊。秋。衞殺其大夫元咺及公子瑕咺見殺稱名者。訟君求直。又先歸立公子瑕。非國人所與。罪之也。瑕立經年。未會諸侯。故不稱君衞侯鄭歸于衞魯爲之請。

故從諸侯納之例。例在成十八年晉人。秦人。圍鄭。晉軍函陵秦軍氾南。各使微者圍鄭。故稱人。○氾音凡介人侵蕭。無傳冬。天王使宰周公來聘。周公。天子三公。兼冢宰也。○兼如字。又經念反公子遂如京師。遂如晉。如京師。報宰周公

傳。三十年。春。晉人侵鄭。以觀其可攻與否。狄閒晉之有鄭虞也。夏。狄侵齊。齊晉與國晉侯使醫衍酖衛侯。衍。醫名。晉侯實怨衛侯。欲殺而罪不及死。故使醫因治疾。而加酖毒甯俞貨醫。使薄其酖。不死。甯俞視衛侯衣食。故得知之公

爲之請納玉於王與晉侯皆十瑴王許之雙玉曰瑴公本與衞同好故爲之請○瑴音角秋乃釋衞侯衞侯使賂周歂冶廑曰苟能納我吾使爾爲卿恐元咺距已故賂周冶○歂市專反廑音覲又音謹周冶殺元咺及子適子儀子儀瑕母弟不書殺賤也○適丁歷反公入祀先君周冶旣服將命服卿服將入廟受命周歂先入及門遇疾而死冶廑辭卿見周歂死而懼九月甲午晉侯秦伯圍鄭以其無禮於晉文公亡過鄭鄭不禮之且貳於楚也晉軍

函陵。秦軍氾南。此東氾也。在滎陽中牟縣南 佚之狐言於鄭伯曰。國危矣。若使燭之武見秦君。師必退佚之狐。燭之武。皆鄭大夫 公從之。辭曰。臣之壯也。猶不如人。今老矣。無能爲也已。公曰。吾不能早用子。今急而求子。是寡人之過也。然鄭亡。子亦有不利焉。許之。夜縋而出。縋縣城而下。縋丈僞反 見秦伯曰。秦晉圍鄭。鄭既知亡矣。若亡鄭而有益於君。敢以煩執事。執事亦謂秦 越國以鄙遠。君知其難也設得鄭以爲秦邊邑。則越晉而難保焉用亡鄭以陪鄰陪。益也鄰之厚。君之薄也。若舍鄭以爲東道主。行李之往來。共其乏困行李。使人。○舍音捨。又如字。共音恭君亦無所害。且君嘗爲晉君賜矣。許君焦瑕。朝濟而夕設版焉。君之所知也。晉君。謂惠公也。焦瑕。晉河外五城之二邑。朝濟河而夕設版築以距秦。言背秦之速。夫晉何厭之有。既東封鄭。又欲肆其西封。封。疆也。肆。申也。○厭於鹽反若不闕秦。將焉取之。闕秦以利晉。唯君圖之。秦伯說。

與鄭人盟。使杞子。逢孫。楊孫。戍之。乃還。（三子。秦大夫。反爲鄭守。）子犯請擊之。公曰。不可。微夫人之力不及此。（請擊秦也。夫人。謂秦穆公。夫音扶。）因人之力而敝之。不仁。失其所與。不知。以亂易整。不武。（秦晉和整。而還相攻。更爲亂也。知音智。）吾其還也。亦去之。初。鄭公子蘭出奔晉。（蘭。鄭穆公。）從於晉侯伐鄭。請無與圍鄭。許之。使待命于東。（晉東界。與音預。）鄭石甲父。侯宣多逆以爲大子。以求成于晉。晉人許之。（二子。鄭大夫。言穆公所以立。冬。王使周公閱來聘。饗有昌歜。白。黑。形鹽。昌歜。昌蒲葅。白。熬稻。黑。熬黍。形鹽。鹽形象虎。○歜在感反葅莊居反辭曰。國君文足昭也。武可畏也。則有備物之饗。以象其德。薦五味。羞嘉穀。鹽虎形。嘉穀。熬稻黍也。以象其文也。鹽虎形。以象武也以獻其功。吾何以堪之。東門襄仲將聘于周。遂初聘于晉。公既命襄仲聘周。未行。故曰將。又命自周聘晉。故曰遂。自入春秋。魯始聘晉。故曰初

經。三十有一年。春。取濟西田。晉分曹田以賜魯。故不繫曹。不

用師徒。故曰取公子遂如晉。夏四月。四卜郊不從。乃免牲龜曰卜。不從。不吉也。卜郊不吉。故免牲。免猶縱也猶三望三望。分野之星。國中山川皆因郊祀望而祭之。魯廢郊天。而修其小祀。故曰猶。猶者。可止之辭秋七月。冬。杞伯姬來求婦無傳。自爲其子成昏狄圍衛。十有二月。衛遷于帝丘辟狄難也。帝丘。今東郡濮陽縣。故帝顓頊之虛。故曰帝丘。虛起魚反

傳三十一年。春。取濟西田。分曹地也二十八年。晉文討曹。分其地。竟界未定。至是乃以賜諸侯使臧文仲往宿於重館

高平方與縣西北有重鄉城○重直龍反方音房與音預重館人告曰晉新得諸侯必親其共不速行將無及也從之。分曹地自洮以南東傅于濟盡曹地也文仲不書請田而已非聘享會同也濟水自滎陽東過魯之西至樂安入海○傅音附襄仲如晉拜曹田也夏四月四卜郊不從乃免牲非禮也諸侯不得郊天魯以周公故得用天子禮樂故郊為魯常祀猶三望亦非禮也禮不卜常祀必其時而卜其牲日卜牲與日知吉凶牛卜日曰牲既得吉日則牛改名曰牲牲成而卜郊，上怠慢也。怠於古典，慢瀆龜策。望，郊之細也。不郊，亦無望可也。秋，晉蒐于清原，作五軍以禦狄。二十八年，晉作三行，今罷之，更爲上下新軍。河東聞喜縣北有清原。○行，戶郎反。趙衰爲卿。二十七年，命趙衰爲卿，讓於欒枝。今始從原大夫爲新軍帥。冬，狄圍衛，衛遷于帝丘。卜曰三百年。衛成公夢康叔曰：「相奪予享。」相，夏后啓之孫，居帝丘。享，祭也。○相，息亮反。公命祀相。甯武子不可，曰：「鬼神非其族類，不歆其祀。歆猶饗也。○歆，許金反。杞、鄫何事？言杞、鄫夏後，自當祀相。相之不享於此久矣。非衛之罪也。言帝丘久不祀相，非衛所絕。不可以閒成王周公之命祀。諸侯受命，各有常祀。請改祀命。改祀相之命。鄭洩駕惡公子瑕，鄭伯亦惡之。故公子瑕出奔楚。瑕，文公子。傳爲納瑕張本。洩駕亦鄭大夫，隱五年洩駕，距此九十年，疑非一人。

經三十有二年春王正月。夏四月己丑，鄭伯捷卒。無傳。文公也。三同盟。衛人侵狄。報前年狄圍衛。秋，衛人及狄盟。不地者，就狄廬帳盟。冬十有二月己卯，晉侯重耳

卒同盟踐土翟泉

傳三十二年。春。楚鬬章請平于晉。晉陽處父報之。晉楚始通。陽處父。晉大夫。晉楚自春秋以來。始交使命。爲和同夏。狄有亂。衛人侵狄。狄請平焉。秋。衛人及狄盟。冬。晉文公卒。庚辰。將殯于曲沃殯。窆棺也。曲沃有舊宮焉○窆彼驗反出絳。柩有聲如牛如牛呴聲呴呼口反○卜偃使大夫拜。曰。君命大事。將有西師過軼我。擊之。必大捷焉。聲自柩出。故曰君命。大事。戎事也。卜偃聞秦密謀。故因柩聲以正衆心○過古禾反又古臥反䡖直結反又音逸杞子自鄭使告于秦三十年秦使大夫杞子戍鄭曰鄭人使我掌其北門之管管籥也若潛師以來國可得也穆公訪諸蹇叔蹇叔曰勞師以襲遠非所聞也蹇叔秦大夫師勞力竭遠主備之無乃不可乎師知所爲鄭必知之勤而無所必有悖心將害良善○悖必内反且行千里其誰不知公辭焉辭不受其言召孟明西乞白乙使出師於東門之外孟明百里孟明視西乞西乞術

白乙。白乙丙蹇叔哭之曰。孟子。吾見師之出而不見其入也。公使謂之曰。爾何知。中壽。爾墓之木拱矣合手曰拱。言其過老悖。不可用蹇叔之子與師。哭而送之。曰。晉人禦師必於殽殽在弘農澠池縣西。○殽戶交反澠縣善反。又羊恕反與音預殽有二陵焉大阜曰陵其南陵。夏后皋之墓也皋。夏桀之祖父其北陵。文王之所辟風雨也此道在二殽之間南谷中。谷深委曲。兩山相嶔。故可以辟風雨。古道由此。魏武帝西討巴漢。惡其險。而更開北山高道。○辟音避嶔許金反必死是間以其深險

故余收爾骨焉。秦師遂東。爲明年晉敗秦于殽傳

經。三十有三年。春。王二月。秦人入滑。滅而書入。不能有其地齊侯使國歸父來聘。夏。四月。辛巳。晉人及姜戎敗秦師于殽。晉侯諱背喪用兵。故通以賤者告。姜戎。姜姓之戎。居晉南鄙。戎子駒支之先也。晉人角之。諸戎掎之。不同陳。故言及。○掎居綺反癸巳。葬晉文公。狄侵齊。公伐邾。取訾婁。秋。公子遂帥師伐邾。晉人敗狄于箕。大原陽邑縣南有箕城。郤缺稱人者。未爲卿○訾子斯反冬。十月。公如齊。十有二月。公至

自齊。乙巳，公薨于小寢。小寢，內寢也。乙巳，十一月十二日，經書十二月，誤。隕霜不殺草，李梅實。無傳。書時失也。周十一月，今九月，霜當微而重，重而不能殺草，所以為災。晉人、陳人、鄭人伐許。

傳三十三年春，秦師過周北門，左右免冑而下，王城之北門。冑，兜鍪。兵車非大將，御者在中，故左右下，御不下。超乘者三百乘。王孫滿尚幼，觀之，言於王曰："秦師輕而無禮，必敗。謂過天子門不卷甲束兵，超乘示勇。○輕，遣政反。輕則寡謀，無禮則脫。脫，易也。○脫，他活反。入險而脫，又不能謀，

乾隆四十八年[illegible]

能無敗乎。及滑。鄭商人弦高將市於周。遇之。以乘韋先牛十二。犒師。商。行賈也。乘。四韋。先韋乃入牛。古者將獻遺於人。必有以先之。○先。悉薦反曰。寡君聞吾子將步師出於敝邑。敢犒從者。不腆敝邑。爲從者之淹。居則具一日之積。腆。厚也。淹。久也。積。芻米菜薪。○從。才用反。積。子賜反行則備一夕之衛。且使遽告于鄭。遽。傳車。○遽。其據反。傳。張戀反鄭穆公使視客館。視秦三大夫之舍則束載厲兵。秣馬矣。嚴兵待秦師使皇武子辭焉。曰。吾子淹久於敝邑。唯是脯資餼牽竭矣資糧也。生曰餼。牽。謂牛羊豕餼許氣反爲吾子之將行也示知其情鄭之有原圃猶秦之有具囿也原圃。具囿。皆囿名吾子取其麋鹿以閒敝邑若何使秦戍自取麋鹿。以爲行資。令敝邑得閒暇。若何猶如何。熒陽中牟縣西有圃田澤。○閒音閑杞子奔齊逢孫揚孫奔宋孟明曰。鄭有備矣。不可冀也。攻之不克。圍之不繼。吾其還也。滅滑而還齊國莊子來聘自郊勞至于贈賄禮成而加之以敏迎來曰郊勞。送去曰贈賄。

敏。審當於事○勞力報反臧文仲言於公曰國子爲政齊猶有禮君其朝焉臣聞之服於有禮社稷之衞也爲公如齊傳晉原軫曰秦違蹇叔而以貪勤民天奉我也奉與也奉不可失敵不可縱縱敵患生違天不祥必伐秦師欒枝曰未報秦施而伐其師其爲死君乎言以君死故忘秦施○施始豉反先軫曰秦不哀吾喪而伐吾同姓秦則無禮何施之爲言秦以無禮加已。施不足顧吾聞之一日縱敵數

世之患也。謀及子孫。可謂死君乎。言不可謂背君○數所主反

遂發命。遽興姜戎。子墨衰絰。晉文公未葬。故襄公稱子。以凶服從戎。故墨之。梁弘御戎。萊駒爲右。夏四月辛巳。敗秦師于殽。獲百里孟明視。西乞術。白乙丙以歸。遂墨以葬文公。晉於是始墨。後遂常以爲俗。記禮所由變。

文嬴請三帥。文嬴。晉文公始適秦。秦穆公所妻夫人。襄公嫡母。三帥。孟明等。曰。彼實構吾二君。寡君若得而食之。不厭。君何辱討焉。使歸就戮于秦。以逞寡君

之志若何公許之先軫朝問秦囚公曰夫人請之吾舍之矣先軫怒曰武夫力而拘諸原婦人暫而免諸國暫猶卒也○厭於豔反又於鹽反墮軍實而長寇讎亡無日矣墮毀也○墮許規反不顧而唾公使陽處父追之及諸河則在舟中矣釋左驂以公命贈孟明欲使還拜謝因而執之孟明稽首曰君之惠不以纍臣釁鼓纍囚繫也殺人以血塗鼓謂之釁鼓使歸就戮于秦寡君之以爲戮死且不朽若從君

惠而免之。三年將拜君賜（意欲報伐晉）秦伯素服郊次（待之於郊）鄉師而哭曰。孤違蹇叔以辱二三子。孤之罪也。不替孟明。孤之過也。大夫何罪。且吾不以一眚掩大德（眚過也。○鄉許亮反。眚所景反）狄侵齊。因晉喪也。公伐邾。取訾婁。以報升陘之役（在二十二年）邾人不設備。秋。襄仲復伐邾（魯亦因晉喪以陵小國）狄伐晉。及箕。八月戊子。晉侯敗狄于箕。

郤缺獲白狄子（白狄。狄別種也。故西河郡有白部胡）先軫曰。匹夫逞志於君謂不顧而唾而無討敢不自討乎免冑入狄師死焉狄人歸其元元首面如生言其有異於人初臼季使過冀見冀缺耨其妻饁之臼季胥臣也冀晉邑耨鉏也野饋曰饁○耨乃豆反饁于輒反敬相待如賓與之歸言諸文公曰敬德之聚也能敬必有德德以治民君請用之臣聞之出門如賓如見大賓承事如祭常謹敬也仁之則也公曰其父有罪可乎缺父冀芮欲殺文公在二十四年○殺音試或如字對曰舜之罪也殛

鯀其舉也興禹（禹。鯀子）管敬仲桓之賊也實相以濟康誥曰父不慈子不祗兄不友弟不共不相及也（康誥。周書。祗。敬也。○相息亮反）詩曰采葑采菲無以下體君取節焉可也（詩國風也。葑菲之菜。上善下惡。食之者。不以其惡而弃其善。言可取其善節）文公以爲下軍大夫反自箕襄公以三命命先且居將中軍（且居。先軫之子。其父死敵。故進之。○且子徐反）以再命命先茅之縣賞胥臣曰舉郤缺子之功也（先茅絕後。故取其縣以賞胥臣）以一命命郤缺爲卿。復與之冀。還其父故邑亦未有軍行雖登卿位。未有軍列。○行戶剛反冬。公如齊朝。且弔有狄師也。反。薨于小寢。即安也。小寢。夫人寢也。譏公就所安。不終于路寢。晉陳。鄭。伐許。討其貳於楚也。楚令尹子上侵陳蔡。陳蔡成。遂伐鄭。將納公子瑕。三十一年瑕奔楚門于桔柣之門。瑕覆于周氏之汪。車傾覆池水中。○桔戶結反。柣大結反。汪烏黃反外僕髡屯禽之以獻。殺瑕以獻鄭伯文夫人斂而葬之鄶城之下。鄭文公夫人也。鄶城。故鄶國。在熒陽密縣東北。傳言穆公所以遂有國。○斂力豔反鄶古外反晉陽處父侵蔡。楚子上救之。與晉師夾泜而軍泜水出魯陽縣東。經襄城定陵入汝。○泜音雉。又直里反陽子患之。使謂子上曰。吾聞之。文不犯順。武不違敵。子若欲戰。則吾退舍。子濟而陳欲辟楚。使渡成陳而後戰遲速唯命。不然紓我紓。緩也。○紓音舒。一直呂反老師費財。亦無益也師久爲老乃駕以待。子上欲涉。大孫伯曰。不可。晉人無信。半涉而薄我。悔敗何及。不如紓之。乃退舍楚退。

欲使晉渡陽子宣言曰。楚師遁矣。遂歸。楚師亦歸。大子商臣譖子上曰。受晉賂而辟之。楚之恥也。罪莫大焉。王殺子上。商臣怨子上止王立己。故譖之。葬僖公緩。文公元年。經書四月葬僖公。僖公實以今年十一月薨。并閏七月。乃葬。故傳云緩。自此以下。遂因說作主祭祀之事。文相次也。皆當次在經葬僖公下。今在此。簡編倒錯。作主。非禮也。文二年乃作主。遂因葬文通譏之。凡君薨。卒哭而祔。祔而作主。特祀於主。既葬反虞。則免喪。故曰卒哭。哭止也。以新死者之神祔之於祖。尸柩已遠。孝子思慕。故進木主。立几筵焉。特用喪禮祭祀於寢。

不同之於宗廟。言凡君者。謂諸侯以上。不通於卿大夫烝嘗禘於廟冬祭曰烝。秋祭曰嘗。新主既特祀於寢。則宗廟四時常祀自如舊也。三年禮畢又大禘。乃皆同於吉

春秋經傳集解僖公下第七

僖三十三年

相臺岳氏刻梓荊谿家塾

進士臣王鵬敬書

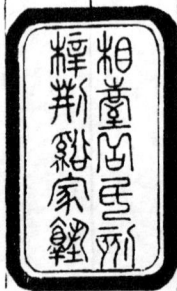

春秋卷七考證

二十八年楚殺其大夫得臣註稱名以殺罪之○案稱名謂經斥書得臣也　殿本閣本作稱君非

傳謂楚人曰不卒戍也註詐告楚人○案魯殺子叢以說晉又懼于楚故托言子叢不終戍事而殺之此註所以言詐告也他本詐字作謂字似未得託言之意且謂與告義亦無別

晉侯在外十九年矣註晉侯生十七年而亡亡十九年而反凡二十六年○案十七年十九年合之得三十六二字乃三字之訛依　殿本改

祁瞞奸命註掌此二事而不修○案二事謂失牛馬亡大斾也閣本作三事誤

甯子職納橐饘焉註饘糜也○案說文諸書凡饘糜之糜皆从麻　殿本閣本从鹿作麋乃麋鹿字不可混也

三十年傳秦軍氾南註此東氾也在滎陽中牟縣南○案鄭有東氾南氾東氾在中牟縣南　殿本閣本並脫南字又案東氾之氾讀孚梵切當从巳原本从巳乃詳里切非

焉用亡鄭以陪鄰○陪　殿本閣本作倍案說文陪一

曰滿也玉篇加也助也定二年分之土田陪敦註增也魯語土有陪乘註猶重也孝文帝紀秉德以陪朕註輔也皆與本註訓益義同　殿本閣本改作倍字乃訓加等之義夫秦在春秋地與楚埒豈鄭所能倍乎此似是而非也

三十一年傳相奪子享○案子當作子庫叔自謂也原本誤今改正

春秋經傳集解文公上第八

文公名興。僖公子。母聲姜。謚法。慈惠愛民曰文。忠信接禮曰文。

盡十年

經元年春王正月。公即位。無傳。先君未葬而公即位。不可曠年無君。二月癸亥。日有食之。無傳。癸亥。月一日。不書朔。官失之。天王使叔服來會葬。叔氏。服字。諸侯喪。天子使大夫會葬。禮也。夏四月丁巳。葬我君僖公。七月而葬。緩。天王使毛伯來錫公命。毛國。伯爵。諸侯爲王卿士者。諸侯即位。天子賜以命圭。合瑞爲信。僖十一年。王賜晉侯命。亦其比也。晉侯伐衛。晉襄公先告諸侯而伐衛。雖大夫親伐。而稱晉侯。從告辭也。叔孫得臣如京師。得臣。叔牙之孫。衛人伐晉。衛孔達爲政。不共盟主。興兵鄰國。受討喪邑。故貶稱人。秋。公孫敖會晉侯于戚。戚。衛邑。在頓丘衛縣西。禮。卿不會公侯。而春秋魯大夫皆不貶者。體例已舉。故據用魯史成文而已。內稱公。卒稱薨。皆用魯史。冬。十月。丁未。楚世子商臣弑其君頵。商臣。穆王也。弑君例在宣四年。○(頵)憂倫反。又丘倫反。公孫敖如齊。傳例曰。始聘焉。禮也。

傳元年。春。王使內史叔服來會葬。公孫敖聞其能相人也公孫敖魯大夫慶父之子見其二子焉叔服曰穀也食子難也收子穀文伯難惠叔食子奉祭祀供養者也收子葬子身也○見賢遍反食音嗣難乃多反又如字穀也豐下必有後於魯國豐下蓋面方爲八年公孫敖奔莒傳於是閏三月非禮也於歷法閏當在僖公末年誤於今年三月置閏蓋時達歷者所譏先王之正時也履端於始舉正於中歸餘於終步歷之始以爲術之端首朞之日三百六十有六日日月之行又有遲速而必分爲十二月舉中氣以正月有餘日則歸之於終積而爲閏故言歸餘於終履端於始序則

不愆四時無愆過舉正於中。民則不惑斗建不失其次。寒暑
不失其常。故無疑惑。歸餘於終。事則不悖四時得所。則事無悖亂
夏。四月。丁巳。葬僖公傳皆不虛載經文。而此經孤見。知僖公末年傳
宜在此下王使毛伯衛來錫公命衛。毛伯字叔孫得臣
如周拜謝賜命晉文公之季年。諸侯朝晉。衛成
公不朝。使孔達侵鄭。伐緜訾。及匡孔達。衛大夫。匡在潁
川新汲縣東北○訾子斯反晉襄公既祥諸侯雖諒闇。亦因祥祭。爲位而
哭使告于諸侯。而伐衛及南陽。今河內地先且居

曰效尤禍也尤衞不朝。故伐。今不朝王。是效衞致禍。時王在溫。故勸之。○且子餘反請君朝王臣從師晉侯朝王于溫先且居胥臣伐衞五月辛酉朔晉師圍戚六月戊戌取之獲孫昭子昭子衞大夫。食戚邑。衞人使告于陳陳共公曰更伐之我辭之見伐求和。不競大甚。故使報伐。示已力足以距晉。○共音恭。更古孟反。又音庚。衞孔達帥師伐晉君子以爲古古者越國而謀合古之道。而失今事霸主之禮。故國失其邑。身見執辱。秋晉侯疆戚田故公孫敖會之晉取衞田。

正其疆界初楚子將以商臣爲大子。訪諸令尹子上。子上曰。君之齒未也。齒年也。言尚少而又多愛。黜乃亂也。楚國之舉。恒在少者。舉。立也且是人也。蠭目而豺聲。忍人也。能忍行不義。蠭本作蜂不可立也。弗聽。既又欲立王子職。而黜大子商臣。職。商臣庶弟商臣聞之而未察。告其師潘崇曰。若之何而察之。潘崇曰。享江芊而勿敬也。江芊。成王妹。嫁於江。芊亡氏反從之。江芊怒曰。呼。役夫。呼。發聲也。役夫。賤者稱。

呼好賀反宜君王之欲殺女而立職也。告潘崇曰。信矣。潘崇曰。能事諸乎。問能事職不。○女音汝曰。不能。能行乎。曰。不能。能行大事乎。曰。能。大事謂弑君冬。十月。以宮甲圍成王。大子宮甲。僖二十八年。王以東宮卒從子玉。蓋取此宮甲王請食熊蹯而死。熊掌難孰。冀久。將有外救。○蹯音煩弗聽。丁未。王縊。謚之曰靈。不瞑。曰成。乃瞑。言其忍甚。未斂而加惡謚。○瞑亡丁反。又亡千反穆王立。以其爲大子之室與潘崇。使爲大師。且掌環列之尹。環列之尹。宮衛之官。列兵而環王宮穆伯如齊始聘焉。禮也。穆伯。公孫敖凡君即位。卿出竝聘。踐脩舊好。要結外援。踐猶履行也。好事鄰國。以衛社稷。忠信卑讓之道也。忠德之正也。信。德之固也。卑讓。德之基也。傳因此發凡。以明諸侯諒闇。則國事皆用吉禮殽之役在僖三十三年晉人既歸秦帥。秦大夫及左右皆言於秦伯曰。是敗也。孟明之罪也。必殺之。秦伯曰。是孤之罪也。周芮良夫之詩曰。大風有隧。貪人敗類。詩大雅。隧。蹊徑也。周大夫芮伯刺厲王。言貪人之敗善類。若大風之行。毁壞衆物。所在成蹊徑○芮如銳反聽言則對。誦言如醉言昏亂之君。不好典誦之言。聞之若醉。得道聽塗說之言。則喜而荅對匪用其良。覆俾我悖覆。反也。俾。使也。不用良臣之言。反使我爲悖亂是貪故也。孤之謂矣。孤實貪以禍夫子。夫子何罪。復使爲政爲明年秦晉戰彭衙傳

經。二年。春。王二月。甲子。晉侯及秦師戰于彭衙。秦師敗績孟明名氏不見。非命卿也。大崩曰敗績。馮翊郃陽縣西北有彭衙城○郃戶納反丁丑。作僖公主主者。殷人以柏。周人以栗。三年喪終

則遷入於廟。三月乙巳。及晉處父盟。處父爲晉正卿。不能匡君以禮。而親與公盟。故貶其族。族去則非卿。故以微人常稱爲耦。以直厭不直。不地者。盟晉都。

夏六月。公孫敖會宋公陳侯鄭伯晉士穀。盟于垂隴。垂隴。鄭地。滎陽縣東有隴城。士穀出盟諸侯。受成於衞。故貴而書名氏。穀戶木反

自十有二月不雨。至于秋七月。無傳。周七月。今五月也。不雨足爲災。不書旱。五穀猶有收。

八月丁卯。大事于大廟。躋僖公。大事。禘也。躋。升也。僖公。閔公庶兄繼閔而立。廟坐宜次閔下。今升在閔上。故書而譏之。時未應吉禘。而於大廟行之。其譏已明。徒以逆祀。故特大其事。異其文

冬，晉人、宋人、陳人、鄭人伐秦。四人皆卿，秦穆悔過，終用孟明，故貶四國大夫，以尊秦。公子遂如齊納幣。傳曰：禮也。僖公喪終此年十一月，則納幣在十二月也。士昏六禮，其一納采，納徵始有玄纁束帛，諸侯則謂之納幣。其禮與士禮不同，蓋公爲大子時已行昏禮。

傳二年春，秦孟明視帥師伐晉，以報殽之役。二月，晉侯禦之，先且居將中軍，趙衰佐之，代郤溱。〔衰〕初危反。王官無地御戎，代梁弘。狐鞫居爲右，鞫居，續簡伯。〔鞫〕九六反。甲子，及秦師戰于彭衙，秦師敗績。

乾隆四十八年

晉人謂秦拜賜之師以孟明言三年將拜君賜故嗤之戰於殽也。晉梁弘御戎，萊駒爲右。戰之明日，晉襄公縛秦囚，使萊駒以戈斬之。囚呼，萊駒失戈。狼瞫取戈以斬囚，禽之以從公乘，遂以爲右。箕之役，箕役在僖三十三年。○呼，火故反。瞫，尺甚反，字林式衽反。乘，繩證反。先軫黜之，而立續簡伯。狼瞫怒。其友曰：「盍死之？」瞫曰：「吾未獲死所。」未得可死處。其友曰：「吾與女爲難。」欲共殺先軫。○難，乃旦反。瞫曰：「周志有之，勇則害上，不登於明堂周志。周書也。明堂。祖廟也。所以策功序德。故不義之士不得升。死而不義。非勇也。共用之謂勇。共用。死國用。○共音恭吾以勇求右。無勇而黜。亦其所也。言今死而不義。更成無勇。宜見退謂上不我知。黜而宜。乃知我矣。言今見黜而合宜。則吾不得復言上不我知子姑待之。及彭衙。既陳。以其屬馳秦師。死焉。屬。屬己兵。○陳去聲晉師從之。大敗秦師。君子謂狼瞫於是乎君子。詩曰。君子如怒。亂庶遄沮。詩小雅。言君子之怒。必以止亂。遄。疾也。沮。止也。又曰。王赫斯怒爰整其旅詩大雅。言文王赫然奮怒則整師旅以討亂怒不作亂。而以從師可謂君子矣秦伯猶用孟明。孟明增脩國政重施於民趙成子言於諸大夫曰。成子。趙衰○施去聲秦師又至將必辟之。懼而增德。不可當也。詩曰。毋念爾祖聿脩厥德。詩大雅。言念其祖考。則宜述脩其德以顯之。毋念。念也。孟明念之矣。念德不怠。其可敵乎。爲明年秦人伐晉傳丁丑作僖公主書不時也過葬十月。故曰不時。例在僖三十三年晉人以公不朝來討。公如晉。夏。四月。己巳。晉人使陽處父盟公。以恥之使大夫盟公。欲以恥辱魯也。經書三月乙巳。經傳必有誤書曰及晉處父盟。以厭之也厭猶損也。晉以非禮盟公。故文厭之以示譏。○厭於涉反適晉不書。諱之也不書公如晉公未至。六月。穆伯會諸侯。及晉司空士穀盟于垂隴。晉討衛故也討元年衛人伐晉。士穀。士蔿子書士穀。堪其事也晉司空。非卿也。以士穀能堪卿事。故書陳侯爲衛請成于晉。執孔達以說陳始與衛謀。謂可以强得免。今晉不聽。故更執孔達以苟免也秋。八月丁卯大事于大廟躋僖公逆祀也僖是閔兄不得爲父子嘗爲臣位應在下令居閔上故曰逆祀於是夏父弗忌爲宗伯宗伯掌宗廟昭穆之禮尊僖公且明見曰吾見新鬼大故鬼小新鬼僖公既爲兄死時年又長故鬼閔公死時年少弗忌明言其所見先大後小順也躋聖賢明也又以僖公爲聖賢明順禮也君子以爲失禮禮無不順祀國之大事也而逆之可謂禮乎子雖齊聖不先父食久矣齊肅也臣繼君猶子繼父○先去聲下同故禹不先鯀湯不

先契鯀。禹父。契。湯十三世祖文武不先不窋不窋。后稷子。○窋知律反宋祖帝乙。鄭祖厲王。猶上祖也。帝乙。微子父。厲王。鄭桓公父。二國不以帝乙厲王不肖。而猶尊尚之是以魯頌曰。春秋匪解。享祀不忒。皇皇后帝。皇祖后稷。忒。差也。皇皇。美也。后帝。天也。詩頌僖公。郊祭上天。配以后稷。○解佳賣反君子曰禮。謂其后稷親而先帝也。先稱帝也詩曰。問我諸姑。遂及伯姊。詩。邶風也。衛女思歸而不得。故願致問於姑姊。○邶音佩君子曰禮。謂其姊親。而先姑也。僖親文公父。夏父弗忌欲阿時君。先其所親。故傳以此二詩。深責其意。仲尼曰。臧文仲其不仁者三。不知者三。下展禽。展禽。柳下惠也。文仲知柳下惠之賢。而使在下位。已欲立而立人。不知音智廢六關。塞關陽關之屬。凡六關。所以禁絕末遊。而廢之。妾織蒲。三不仁也。家人販席。言其與民爭利。作虛器。謂居蔡。山節藻梲也。有其器而無其位。故曰虛。縱逆祀。聽夏父躋僖公。祀爰居。三不知也。海鳥曰爰居。止於魯東門外。文仲以爲神。命國人祀之。冬。晉先且居。宋公子成。陳轅選。鄭公子歸生伐秦。取汪及彭衙而還。以報彭衙之役。卿不書。爲穆公故。

尊秦也謂之崇德襄仲如齊納幣禮也凡君即位好舅甥脩昏姻娶元妃以奉粢盛孝也謂諒闇既終嘉好之事通于外內外內之禮始備此除凶之即位也於是遣卿申好舅甥之國脩禮以昏姻也元妃嫡夫人奉粢盛共祭祀○好呼報反孝禮之始也

經三年春王正月叔孫得臣會晉人宋人陳人衛人鄭人伐沈沈潰傳例曰民逃其上曰潰沈國名也汝南平與縣北有沈亭○與音餘一音預　夏五月王子虎卒不書爵者天王赴也翟泉之盟雖輒假王命周王因以同盟之例爲赴　秦人伐晉晉人恥不

出以微者告

秋楚人圍江雨螽于宋自上而隋有似於雨宋人以其死爲得天祐喜而來告故書。雨于付反隋徒火反

冬公如晉十有二月己巳公及晉侯盟晉陽處父帥師伐楚以救江

傳三年春莊叔會諸侯之師伐沈以其服於楚也沈潰凡民逃其上曰潰在上曰逃潰衆散流移若積水之潰自壞之象也國君輕走羣臣不知其謀與匹夫逃竄無異是以在衆曰潰在上曰逃各以類言之

衛侯如陳拜晉成也二年陳侯爲衛請成

于晉夏四月乙亥王叔文公卒來赴弔如同盟禮也王子虎與僖公同盟於翟泉文公是同盟之子故赴以名傳因王子虎異於諸侯王叔又未與文公盟故於此顯示體例也經書五月又不書日從赴也秦伯伐晉濟河焚舟示必死也取王官及郊王官郊晉地晉人不出遂自茅津濟封殽尸而還茅津在河東大陽縣西封埋藏之大音泰遂霸西戎用孟明也君子是以知秦穆公之爲君也舉人之周也周備也不偏以一惡弃其善與人之壹也壹無二心孟明之臣也其不解也

能懼思也子桑之忠也其知人也能舉善也子桑。公孫枝。舉孟明者詩曰于以采蘩于沼于沚于以用之公侯之事秦穆有焉詩國風。言沼沚之蘩至薄。猶采以共公侯。以喻秦穆不遺小善夙夜匪解以事一人孟明有焉詩大雅。美仲山甫也。一人。天子也詒厥孫謀以燕翼子子桑有焉詒遺也。燕安也。翼成也。詩大雅。美武王能遺其子孫善謀。以安成子孫。言子桑有舉善之謀

秋雨螽于宋隊而死也螽飛至宋。隊地而死。若雨○隊直類反

楚師圍江晉先僕伐楚以救江晉救江在

雨螽下。故使圍江之經。隨莊雨螽下。冬。晉以江故告于周。欲假天子之威以伐楚。王叔桓公。晉陽處父。伐楚以救江。桓公。周卿士。王叔文公之子。桓公不書。示威名。不親伐。門于方城。遇息公子朱而還。子朱。楚大夫。伐江之帥也。聞晉師起而江兵解。故晉亦還。晉人懼其無禮於公也。請改盟。改二年處父之盟。公如晉。及晉侯盟。晉侯饗公。賦菁菁者莪。菁菁者莪。詩小雅。取其既見君子。樂且有儀。莊叔以公降拜。謝其以公比君子也。曰。小國受命於大國。敢不慎儀。君貺之以大禮。何樂如之。抑小國之樂。大國之惠也。晉侯降辭降階辭讓公。樂音洛。下同登成拜俱還上成拜禮公賦嘉樂嘉樂詩大雅。義取其顯顯令德。宜民宜人。受祿于天。嘉戶嫁反

經。四年。春。公至自晉。無傳夏。逆婦姜于齊。稱婦。有姑之辭狄侵齊。無傳秋。楚人滅江。滅例在文十五年晉侯伐秦。衛侯使甯俞來聘。冬。十有一月。壬寅。夫人風氏薨。僖公母。風姓也。赴同。祔姑。故稱夫人

傳。四年。春。晉人歸孔達于衛。以爲衛之良也。

文四年

故免之。二年。衛執孔逵以說晉。夏。衛侯如晉拜。謝歸孔逵。曹伯如晉會正。會受貢賦之政也。傳言襄公能繼文之業。而諸侯服從。逆婦姜于齊。卿不行。非禮也。禮。諸侯有故。則使卿逆。君子是以知出姜之不允於魯也。允。信也。始來不見尊貴。故終不爲國人所敬信也。文公薨而見出。故曰出姜。曰貴聘而賤逆之。公子遂納幣。是貴聘也。君而卑之。立而廢之。君。小君也。不以夫人禮迎。是卑廢之。弃信而壞其主。在國必亂。在家必亡。主。內主也。壞音怪。不允宜哉。詩曰。畏天之威。于時保之。

敬主之謂也。詩頌。言畏天威，於是保福祿。秋，晉侯伐秦，圍邧、新城，以報王官之役。邧、新城，秦邑也。王官役在前年。邧，願晚反，一音元。楚人滅江，秦伯爲之降服、出次、不舉、過數。降服，素服也。出次，辟正寢。不舉，去盛饌。鄰國之禮有數，今秦伯過之。爲，于僞反。下同。大夫諫，公曰：「同盟滅，雖不能救，敢不矜乎？吾自懼也。」秦江同盟，不告，故不書。君子曰：「詩云：『惟彼二國，其政不獲。惟此四國，爰究爰度。』其秦穆之謂矣。」詩大雅。言夏商之君，政不得人心，故四方諸侯皆懼，而謀度其政事也。言秦穆亦能感江之滅。懼而思政。爰。於也。究。度。皆謀也衛甯武子來聘。公與之宴。爲賦湛露及彤弓非禮之常。公特命樂人以示意。故言爲賦。湛露彤弓。詩小雅不辭。又不荅賦。使行人私焉私問之對曰。臣以爲肄業及之也肄。習也。魯人失所賦。甯武子佯不知此其愚不可及○肄以二反昔諸侯朝正於王朝而受王政教也宴樂之。於是乎賦湛露。則天子當陽。諸侯用命也湛露曰。湛湛露斯。匪陽不晞。晞。乾也。言露見日而乾。猶諸侯稟天子命而行諸侯敵王所愾。而獻其功敵。猶當也。愾。恨怒也。○愾苦愛反王於是乎賜之彤弓一。彤矢百。玈弓矢千。以覺報宴。覺，明也。謂諸侯有四夷之功。王賜之弓矢。又爲歌彤弓。以明報功宴樂。〇玈音盧。覺音角。今陪臣來繼舊好。方論天子之樂。故自稱陪臣。君辱貺之。其敢干大禮以自取戾。貺，賜也。干，犯也。戾，罪也。

冬。成風薨。爲明年王使來含賵傳。

經。五年。春。王正月。王使榮叔歸含且賵。珠玉曰含。含。口實。車馬曰賵。〇含戶暗反。三月。辛亥。葬我小君成風。無傳。反哭成喪。故曰葬我小君。王使召伯來會葬。召伯。天子卿也。召。采地。伯。

爵也。來不及葬。不譏者。不失五月之內。夏。公孫敖如晉。無傳秦人入鄀。入例在十五年。○鄀音若秋。楚人滅六。六國。今廬江六縣冬。十月甲申。許男業卒。無傳。與僖公六同盟

傳。五年春。王使榮叔來含且賵。召昭公來會葬。禮也。成風。莊公之妾。天子以夫人禮賵之。明母以子貴。故曰禮初。鄀叛楚即秦。又貳於楚。夏。秦人入鄀。六人叛楚即東夷。秋。楚成大心仲歸帥師滅六。仲歸。子家冬。楚公子燮滅蓼。蓼。今安豐蓼縣。○燮息列反。蓼音了臧文仲聞六

與蓼滅。曰皐陶庭堅不祀。忽諸。德之不建。民之無援。哀哉。蓼與六。皆皐陶後也。傷二國之君。不能建德。結援大國。忽然而亡。晉陽處父聘于衛。反過甯。甯嬴從之。甯。晉邑。汲郡脩武縣也。嬴。逆旅大夫。及溫而還。其妻問之。嬴曰。以剛商書曰。沈漸剛克。高明柔克。沈漸猶滯溺也。高明猶亢爽也。言各當以剛柔勝己本性。乃能成全也。此在洪範。今謂之周書。○漸似廉反夫子壹之。其不沒乎。陽子性純剛。天爲剛德。猶不干時。寒暑相順。況在人乎。且華而不實。怨之所聚也。言過其行犯而聚怨。不可以定身剛則犯人余懼不獲其利。而離其難。是以去之爲六年晉殺處父傳○難乃旦反晉趙成子。欒貞子。霍伯。臼季。皆卒成子。趙衰。新上軍帥。中軍佐也。貞子。欒枝。下軍帥也。霍伯。先且居。中軍帥也。臼季。胥臣。下軍佐也。爲六年蒐於夷傳

經。六年。春。葬許僖公無傳夏。季孫行父如陳行父季友孫秋。季孫行父如晉。八月。乙亥。晉侯驩卒再同盟冬。十月。公子遂如晉。葬晉襄公卿共葬事。文襄之制也。三月而葬。速晉殺其大夫陽處父處父侵官。宜爲國討。故不

言賈季殺。晉狐射姑出奔狄。射姑。狐偃子賈季也。奔例在宣十年。射音亦。一音夜

閏月不告月。猶朝于廟。諸侯每月必告朔聽政。因朝宗廟。文公以閏非常月。故闕不告朔。怠慢政事。雖朝于廟。則如勿朝。故曰猶。猶者。可止之辭

傳六年春。晉蒐于夷。舍二軍。僖三十一年。晉蒐清原。作五軍。今舍二軍。復三軍之制。夷。晉地。前年四卿卒。故蒐以謀軍帥。舍音捨使狐射姑將中軍。代先且居。趙盾佐之。代趙衰也。盾。趙衰子。盾徒本反陽處父至自温。往年聘衛過温。今始至。過古禾反改蒐于董。

易中軍易以趙盾爲帥。射姑佐之。河東汾陰縣有董亭陽子，成季之屬也處父嘗爲趙衰屬大夫故黨於趙氏。且謂趙盾能。曰使能。國之利也。是以上之。宣子於是乎始爲國政宣。趙盾謚制事典典。常也正法罪輕重當。當丁浪反辟獄刑辟猶理也。辟婢亦反董逋逃董。督也由質要由，用也。質要。券契也治舊洿治理洿穢。洿音烏本秩禮貴賤不失其本續常職脩廢官出滯淹拔賢能也旣成。以授大傅陽子。與大師賈佗。使行諸晉國。以爲常法賈佗以公族從文公。而不在五人之數臧文仲以陳衞之睦也。欲求好於陳。夏季文子聘于陳。且娶焉。臣非君命不越竟。故因聘而自爲娶秦伯任好卒任好。秦穆公名。以子車氏之三子奄息仲行鍼虎爲殉子車。秦大夫氏也。以人從葬爲殉。皆秦之良也。國人哀之爲之賦黃鳥黃鳥。詩秦風。義取黃鳥止于棘桑。往來得其所。傷三良不然。君子曰。秦穆之不爲盟主也。宜哉。死而弃民。先王違世。猶詒之法。而況奪之善人

〔佗〕徒何反〔從〕才用反〔任〕音壬〔行〕音杭〔鍼〕其廉反〔殉〕音徇〔爲〕于僞反

乎。詩曰。人之云亡。邦國殄瘁詩大雅。言善人亡。則國瘁病。○詒以之反。瘁似醉反無善人之謂。若之何奪之。古之王者。知命之不長。是以竝建聖哲建立聖知。以司牧民樹之風聲因土地風俗。爲立聲教之法分之采物旌旗衣服。各有分制。○分扶問反著之話言話。善也。爲作善言遺戒爲之律度鐘律度量。所以治歷明時陳之藝極藝。準也。極。中也。貢獻多少之法。傳曰。貢之無藝。又曰。貢獻無極引之表儀引。道也。表儀猶威儀。○道音導予之法制。告之訓典訓典。先王之書教之防利防惡興利委之常秩委。任也。常秩。官司之常職。道之以禮。則使毋失其土宜。衆隸賴之。而後即命。即。就也。聖王同之。今縱無法以遺後嗣。而又收其良以死。難以在上矣。君子是以知秦之不復東征也。不能復征討東方諸侯。爲霸主。復扶又反

秋。季文子將聘於晉。使求遭喪之禮以行。季文子。季孫行父也。聞晉侯疾故。其人曰。將焉用之。其人。從者。從去聲。文子曰。備豫不虞。古之善教也。求而無之。實難。難卒得。過求何害。所謂文子三思。八月乙亥。

晉襄公卒。靈公少。晉人以難故。欲立長君。立少君。恐有難。趙孟曰。立公子雍。趙孟。趙盾也。公子雍文公子。襄公庶弟。杜祁之子。好善而長。先君愛之。且近於秦。秦舊好也。置善則固。事長則順。立愛則孝。結舊則安。爲難故。故欲立長君。有此四德者。難必抒矣。抒。除也。○抒直呂反。又時呂反。賈季曰。不如立公子樂。樂。文公子。○樂音岳。一音洛。辰嬴嬖於二君。辰嬴。懷嬴也。二君。懷公文公也。立其子。民必安之。趙孟曰。辰嬴賤。班在九人。班。位。

也。其子何震之有。震。威也。且爲二嬖。淫也。爲先君子。不能求大。而出在小國。辟也。母淫子辟。無威。陳小而遠。無援。將何安焉。杜祁以君故。讓偪姞而上之。杜祁。杜伯之後。祁。姓也。偪姞。姞姓之女。生襄公爲世子。故杜祁讓使在己上。○辟四亦反。偪彼力反。姞其吉反。以狄故讓季隗而己次之。故班在四。以季隗是文公託狄時妻。故復讓之。然則杜祁本班在二。○隗五罪反。先君是以愛其子。而仕諸秦。爲亞卿焉。亞。次也。言其賢故位尊。秦大而近。足以爲援。母義子愛足以威民。立之不亦可乎。使先蔑士會如秦。逆公子雍先蔑士伯也。士會隨季也。賈季亦使召公子樂于陳。趙孟使殺諸郫。郫。晉地。○郫婢支反賈季怨陽子之易其班也。本中軍帥。易以爲佐而知其無援於晉也。少族多怨九月。賈季使續鞫居殺陽處父鞫居狐氏之族書曰晉殺其大夫侵官也。君已命帥。處父易之。故曰侵官冬十月。襄仲如晉葬襄公。十一月丙寅晉殺續簡伯簡伯。續鞫居。十一月無丙寅。丙寅十二月八日也。日月必有誤賈季奔狄。宣子使臾駢送其帑。帑。妻子也。宣子以賈季中軍之佐。同官故。○駢蒲賢反。又蒲丁反。帑音奴。夷之蒐。賈季戮臾駢。臾駢之人。欲盡殺賈氏以報焉。臾駢曰。不可。吾聞前志有之曰。敵惠敵怨。不在後嗣。忠之道也。敵猶對也。若及子孫。則爲非對。非對則爲遷怒。夫子禮於賈季。我以其寵報私怨。無乃不可乎。言已蒙宣子寵位。介人之寵。非勇也。介。因也。損怨益仇。非知也。殺季家。欲以除怨。宣子將復怨。已是益仇也。以私害公。非忠也。釋此三者。

何以事夫子。盡具其帑與其器用財賄。親帥扞之送致諸竟扞。衛也。○扞戶旦反竟音境閏月不告朔。非禮也經稱告月、傳稱告朔。明告月必以朔閏以正時四時漸差。則致正之時以作事順時命事事以厚生事不失時則年豐生民之道於是乎在矣不告閏朔棄時政也何以爲民○爲如字。治也

經七年春公伐邾。三月甲戌取須句須句。魯之封內屬國也。僖公反其君之後。邾復滅之。書取。易也。例在襄十三年。○句其俱反遂城

乾隆四十八年

郚。無傳。因伐邾師以城郚。郚，魯邑。卞縣南有郚城。備邾難。○郚音吾 夏四月。宋公王臣卒。二年，與魯大夫盟於垂隴。宋人殺其大夫。宋人攻昭公，并殺二大夫。故以非罪書。戊子，晉人及秦人戰于令狐。趙盾廢嫡而外求君，故貶稱人。晉諱背先蔑而夜薄秦師，以戰告。晉先蔑奔秦。不言出，在外奔。狄侵我西鄙。秋八月，公會諸侯。晉大夫盟于扈。扈，鄭地，滎陽卷縣西北有扈亭。不分別書會人，揔言諸侯。晉大夫盟者，公後會而及其盟。○扈音戶。卷音權，又丘權反 冬，徐伐莒。書不將帥，徐夷，告辭略。公孫敖如莒涖盟。

傳七年春公伐邾閒晉難也公因霸國有難而侵小三月甲戌取須句寘文公子焉非禮也邾文公子叛在魯故公使爲守須句大夫也絕大皞之祀以與鄰國叛臣故曰非禮夏四月宋成公卒於是公子成爲右師莊公子公孫友爲左師目夷子樂豫爲司馬戴公玄孫鱗矔爲司徒桓公孫○矔古亂反公子蕩爲司城桓公子也以武公名廢司空爲司城華御事爲司寇華元父也傳言六卿皆公族昭公不親信之所以致亂○御魚呂反昭公將去羣公子樂豫曰不可公族公室

之枝葉也。若去之。則本根無所庇廕矣。葛藟猶能庇其本根。葛之能藟蔓繁滋者。以本枝廕庥之多。○去起呂反故君子以爲比。謂詩人取以喻九族兄弟況國君乎。此諺所謂庇焉而縱尋斧焉者也。縱。放也必不可。君其圖之。親之以德。皆股肱也。誰敢攜貳。若之何去之。不聽。穆襄之族率國人以攻公穆公襄公之子孫。昭公所欲去者殺公孫固。公孫鄭于公宮二子在公宮。故爲亂兵所殺六卿和公室。樂豫舍司馬以讓公子卬卬，昭公弟。○舍音捨。下同。卬，五郎反。昭公即位而葬。書曰：宋人殺其大夫。不稱名，衆也。且言非其罪也。不稱殺者及死者名。殺者衆，故名不可知。死者無罪，則例不稱名。秦康公送公子雍于晉，曰：文公之入也無衛，故有呂郤之難。僖二十四年。文公入。乃多與之徒衛。穆嬴日抱大子以啼于朝，曰：先君何罪？其嗣亦何罪？舍適嗣不立，而外求君，將焉寘此？穆嬴，襄公夫人，靈公母也。○適，丁歷反。出朝，則抱以適趙氏，頓首於宣子曰：先君奉此子也而屬諸子曰此子也才吾受子之賜不才吾唯子之怨欲使宣子教訓之○屬音燭今君雖終言猶在耳在宣子之耳而弃之若何宣子與諸大夫皆患穆嬴且畏偪畏國人以大義來偪己乃背先蔑而立靈公以禦秦師箕鄭居守趙盾將中軍先克佐之克先且居子代狐射姑荀林父佐上軍箕鄭將上軍居守故佐獨行先蔑將下軍先都佐之步招御戎戎津爲右及堇陰先蔑士會逆公子雍前還晉晉人始以逆雍出

軍。卒然變計立靈公。故車右戎御猶在職。宣堇陰。晉地。○招上遙反。堇音謹。一音靳子曰我若受秦秦則賓也不受寇也既不受矣而復緩師秦將生心先人有奪人之心奪敵之戰心也。○先悉薦反軍之善謀也逐寇如追逃軍之善政也訓卒利兵秣馬蓐食潛師夜起蓐食早食於寢蓐也。○蓐音辱戊子敗秦師于令狐至于刳首巳丑先蔑奔秦士會從之從刳首去也。令狐在河東。當與刳首相接。○刳苦胡反先蔑之使也荀林父止之曰夫人大子猶在。而外求君。此必不行。子以疾辭。若何。不然將及。禍將及已。攝卿以往可也。何必子。同官爲寮。吾嘗同寮。敢不盡心乎。弗聽。爲賦板之三章。板。詩大雅。其三章。義取芻蕘之言。猶不可忽。況同寮乎。僖二十八年。林父將中行。先蔑將左行。又弗聽。及亡。荀伯盡送其帑及其器用財賄於秦。曰。爲同寮故也。荀伯。林父。士會在秦三年。不見士伯。士伯。先蔑。其人曰。能亡人於國。言能與人俱亡於晉國。不能見於此。焉用之。何用如此。士季曰。

吾與之同罪。俱有迎公子雍之罪。非義之也。將何見焉。言已非慕先蔑。及歸。遂不見。責先蔑爲正卿之義而從之。而不匡諫。且俱出奔。惡有黨也。士會歸在十三年。

狄侵我西鄙。公使告于晉。趙宣子使因賈季問酆舒。且讓之。酆舒。狄相。讓其伐魯。

酆舒問於賈季曰。趙衰、趙盾孰賢。對曰。趙衰。冬日之日也。趙盾。夏日之日也。冬日可愛。夏日可畏。

秋。八月。齊侯、宋公、衛侯、陳侯、鄭伯、許男、曹伯會晉趙盾盟于扈。晉侯立故也。公後至。故不書

所會。凡會諸侯。不書所會。後也。不書所會。謂不具列公侯及卿大夫後至。不書其國。辟不敏也。此傳還自釋凡例之意

穆伯娶于莒。曰戴己。生文伯。其娣聲己。生惠叔。穆伯。公孫敖也。文伯。穀也。惠叔。難也。己音紀。難乃多反戴己卒。又聘于莒。莒人以聲己辭。則爲襄仲聘焉。襄仲。公孫敖從父昆弟冬。徐伐莒。莒人來請盟。見伐。故欲結援穆伯如莒涖盟。且爲仲逆。及鄢陵。登城見之。美。鄢陵。莒邑。鄢於晚反自爲娶之。仲請攻之。公將許之。叔仲

惠伯諫〔惠伯叔牙孫〕曰臣聞之兵作於內爲亂於外爲寇寇猶及人亂自及也今臣作亂而君不禁以啓寇讎若之何公止之惠伯成之〔平二子〕使仲舍之〔舍不娶舍音捨〕公孫敖反之〔還莒女〕復爲兄弟如初從之〔爲明年公孫敖奔莒傳復音服又扶又反〕晉郤缺言於趙宣子曰日衛不睦故取其地〔日往日取衛地在元年〕今已睦矣可以歸之叛而不討何以示威服而不柔何以示懷〔柔安也〕非威非懷

何以示德。無德。何以主盟。子為正卿。以主諸侯。而不務德。將若之何。夏書曰（逸書）戒之用休（有休則戒之以勿休）董之用威（董。督也。有罪則督之以威刑）勸之以九歌。勿使壞。九功之德。皆可歌也。謂之九歌。六府三事。謂之九功。水火金木土穀。謂之六府。正德利用厚生。謂之三事。義而行之。謂之德禮。（德。正德也。禮以制財用之節。又以厚生民之命）無禮不樂。所由叛也。若吾子之德。莫可歌也。其誰來之。（來猶歸也）

○樂音洛盍使睦者歌吾子乎宣子說之爲明年晉歸鄭衞田張本

經。八年。春。王正月。夏。四月。秋。八月。戊申。天王崩。冬。十月。壬午。公子遂會晉趙盾盟于衡雍壬午月五日○雍於用反乙酉。公子遂會雒戎盟于暴。乙酉月八日也。暴。鄭地。公子遂不受命而盟。宜去族。善其解國患。故稱公子以貴之。公孫敖如京師不至而復丙戌奔莒不言出。受命而出。自外行螽無傳爲災故書宋人殺其大夫司馬宋司城來奔

司馬死不舍節。司城奉身而退。故皆書官而不名。貴之

傳八年春晉侯使解揚歸匡戚之田于衛匡本衛邑。中屬鄭。孔達伐不能克。今晉令鄭還衛。及取戚田。皆見元年。○解音蟹。中去聲且復致公壻池之封自申至于虎牢之竟公壻池。晉君女壻。又取衛地以封之。今并還衛也。中。鄭地。傳言趙盾所以能相幼主而盟諸侯。○復扶又反夏秦人伐晉取武城以報令狐之役令狐役在七年秋襄王崩爲公孫敖如周弔傳晉人以扈之盟來討前年盟扈。公後至冬襄仲會晉趙孟盟于衡雍報

扈之盟也遂會伊雒之戎伊雒之戎將伐魯公子遂不及復君故專命與之盟書曰公子遂珍之也珍。貴也。大夫出竟。有可以安社稷利國家者。專之可穆伯如周弔喪不至以幣奔莒從己氏焉己氏。莒女宋襄夫人襄王之姊也昭公不禮焉昭公適祖母夫人因戴氏之族華。樂。皇。皆戴族以殺襄公之孫孔叔公孫鍾離及大司馬公子卬皆昭公之黨也司馬握節以死故書以官節國之符信也。握之以死。示不廢命司城蕩意諸來奔效節於府人而出效猶致也。意諸。公子蕩之孫公以其官逆之皆復之。亦書以官皆貴之也卿違從大夫。公賢其效節。故以本官逆之。請宋而復之。司城官屬悉來奔。故言皆復夷之蒐。晉侯將登箕鄭父。先都登之於上軍也。夷蒐在六年而使士縠梁益耳將中軍。士縠本司空縠戶木反先克曰。狐趙之勳不可廢也。從之狐偃。趙衰。有從亡之勳。從亡。去聲先克奪蒯得田于堇陰七年。晉禦秦師於堇陰。以軍事奪其田也。先克。中軍佐。蒯苦瞶反故箕鄭父。先都。士縠。梁益耳。蒯得。作亂爲明年殺先克張本

○爲于僞反

經九年。春。毛伯來求金。求金以共葬事。雖踰年而未葬。故不稱王使。夫人姜氏如齊。無傳。歸寧。二月。叔孫得臣如京師。辛丑。葬襄王。卿共葬事。禮也。晉人殺其大夫先都。下軍佐也。以作亂討。故書名。三月。夫人姜氏至自齊。無傳。告于廟。晉人殺其大夫士穀及箕鄭父。與先都同罪也。楚人伐鄭。楚子師於狼淵。不親伐。公子遂會晉人。宋人。衛人。許人。救鄭。夏。狄侵齊。無傳。秋。八月。曹伯襄卒。

無傳。七年同盟于扈。九月癸酉。地震。無傳。地道安靜。以動爲異。故書。冬。楚子使椒來聘。稱君以使大夫。其禮辭與中國同。椒不書氏。史略文。秦人來歸僖公成風之襚。衣服曰襚。秦辟陋。故不稱使。不稱夫人。從來者辭。葬曹共公。無傳

傳九年春王正月己酉。使賊殺先克。箕鄭等所使也。亂殺先克。不赴。故不書。乙丑。晉人殺先都梁益耳。乙丑。正月十九日。經書二月。從告。毛伯衛來求金。非禮也。天子不私求財。故曰非禮。不書王命。未葬也。二月。莊叔如周葬襄

王三月甲戌，晉人殺箕鄭父、士穀、蒯得。梁益耳、蒯得。不書。皆非卿。范山言於楚子曰：晉君少，不在諸侯，北方可圖也。范山，楚大夫。楚子師于狼淵以伐鄭，陳師狼淵，為伐鄭援也。潁川潁陰縣西有狼陂。囚公子堅、公子尨及樂耳。三子，鄭大夫。尨，莫江反。鄭及楚平。公子遂會晉趙盾、宋華耦、衛孔達、許大夫救鄭，不及楚師。卿不書，緩也，以懲不恪。華耦，華父督曾孫。公子遂獨不在貶者，諸魯事自非指為其國褒貶，則皆從國史，不同之於他國。此春秋大意。他皆放此。恪，苦各反。

乾隆四十八年

夏。楚侵陳。克壺丘。壺丘。陳邑。以其服於晉也。秋。楚公子朱自東夷伐陳。子朱。息公也。陳人敗之。獲公子茷。陳懼。乃及楚平。以小勝大。故懼而請平也。傳言晉君少。楚陵中國。明年所以有厥貉之會。○茷。扶廢反。貉。武百反。冬。楚子越椒來聘。執幣傲。子越椒。令尹子文從子。傲。不敬。叔仲惠伯曰。是必滅若敖氏之宗。傲其先君。神弗福也。十二年。傳曰。先君之敝器。使下臣致諸執事。明奉使皆告廟。故言傲其先君也。爲宣四年楚滅若敖氏張本。秦人來歸僖公成風之襚。禮也。秦慕諸夏。欲通敬於魯。因有翟泉之盟。故追贈僖公。幷及成風。本非魯方嶽同盟。無相赴弔之制。故不譏其緩。而以接好爲禮諸侯相弔賀也。雖不當事。苟有禮焉。書也。以無忘舊好送死不及尸。故曰不當事。書者書於典策。垂示子孫。使無忘過厚之好

經十年春王三月辛卯。臧孫辰卒無傳。公與小斂。故書日夏秦伐晉不稱將帥。告辭略楚殺其大夫宜申宜申。子西也。謀弒君。故書名自正月不雨至于秋七月無傳。義與二年同及蘇子盟于女栗女栗。地名闕。蘇子。周卿士。頃王新立。故與

魯盟。親諸侯也。○女音汝。一如字冬，狄侵宋。無傳楚子、蔡侯次于厥貉。厥貉，地名。闕。將伐宋而未行，故書次

傳十年春，晉人伐秦，取少梁。少梁，馮翊夏陽縣。○少，商照反夏，秦伯伐晉，取北徵。報少梁。○徵如字。三蒼云：音懲。一音張里反初，楚范巫矞似矞似，范邑之巫。○矞，尹必反謂成王與子玉、子西曰：三君皆將強死。城濮之役，王思之，故使止子玉曰：毋死。不及。止子西，子西縊而縣絕。在僖二十八年。○強，其丈反王使適至，遂止之，使為

商公商。楚邑。今上雒商縣沿漢泝江。將入郢沿。順流。泝。逆流。○沿。悅專反。泝。息路反。郢。以井反王在渚宮小洲曰渚下見之。懼而辭。曰。臣免於死。又有讒言。謂臣將逃。臣歸死於司敗也陳楚名司寇爲司敗。子西畏讒言。不敢之商縣王使爲工尹掌百工之官又與子家謀弒穆王。穆王聞之。五月。殺鬬宜申及仲歸仲歸。子家。不書。非卿秋。七月。及蘇子盟于女栗。頃王立故也僖十年。狄滅溫。蘇子奔衛。今復見。蓋王復之陳侯。鄭伯。會楚子于息。冬。遂及蔡侯次于厥貉。陳鄭及宋麇子不書者，宋鄭執卑，苟免爲楚僕任，受役於司馬，麇子恥之，遂逃而歸。三君失位降爵，故不列於諸侯。宋鄭猶然，則陳侯必同也。○麇，九倫反。將以伐宋。宋華御事曰：楚欲弱我也。先爲之弱乎，何必使誘我。我實不能，民何罪。乃逆楚子，勞且聽命。時楚欲誘呼宋共戰，御事，華元父。○勞，力報反。遂道以田孟諸。孟諸，宋大藪也，在梁國睢陽縣東北。○道音導。睢音綏。宋公爲右盂，鄭伯爲左盂。盂，田獵陳名。○陳，直覲反。期思公復遂爲右司馬。復遂，楚期思邑公。今弋陽期思縣。子朱及文之無畏爲左司馬將獵張兩甄故置二左司馬然則右司馬一人當中央○甄吉然反命夙駕載燧燧取火者宋公違命不夙駕載燧無畏抶其僕以徇或謂子舟曰國君不可戮也子舟曰當官而行何彊之有子舟無畏字○抶恥乙反詩曰剛亦不吐柔亦不茹詩大雅美仲山甫不辟彊禦○茹如呂反毋縱詭隨以謹罔極詩大雅詭人隨人無正心者謹猶愼也罔無也極中也○詭九委反是亦非辟彊也敢愛死以亂官乎爲宣十四年宋人殺子舟張本厥貉之會麇子逃歸爲明年楚子伐麇傳

春秋經傳集解文公上第八

相臺岳氏刻梓荆谿家塾

文十年

舉人臣金應墳敬書

春秋卷八考證

文公元年傳王使毛伯衛來賜公命○賜彙纂定本殿本閣本皆作錫案爾雅二字義同

二年傳謂其姊親而先姑也註以此二詩深責其義○案二詩即上所引閟宮泉水二詩也閣本作三譌

下展禽註知柳下惠之賢而使在下位已欲立而立人○案已欲立句其義未晰據　殿本杜林合註本作非已欲立而立人之道意始明暢但古本皆然知譌脱已久

三年雨螽於宋註自上而隋音義隋徒火反○　殿本

閣本火作大訛

五年傳楚公子燮滅蓼○案公子燮即王子燮據楚語莊王傅也　殿本作楚子燮閣本作楚公燮均係脫簡

六年傳陽子戎季之屬也註處父嘗爲趙衰屬大夫○衰　殿本閣本作盾案戎季乃趙衰字非盾字也僖三十三年處父已專師侵蔡趙盾至是方佐中軍安得爲盾之屬耶

七年傳秣馬蓐食註蓐食早食於寢蓐也○案蓐食因在寢蓐即食故謂之早食他本食字作是字似即以

㝷訓早食矣於義恐非

九年傳乙丑晉人殺先都註經書二月從告○此註因乙丑是正月十九日而經書在二月故云從告謂從晉人告辭也義與經合　殿本二作三閣本從作役並訛

春秋經傳集解文公下第九

盡十八年

經十有一年春楚子伐麇計前年逃厥貉會。麇九倫反夏。叔仲彭生會晉郤缺于承匡承匡宋地。在陳留襄邑縣西。彭生叔仲惠伯郤缺冀缺秋曹伯來朝公子遂如宋狄侵齊冬十月甲午叔孫得臣敗狄于鹹鹹魯地

傳十一年春楚子伐麇成大心敗麇師於防渚成大心子玉之子大孫伯也。防渚麇地潘崇復伐麇至于錫

穴錫穴。麇地。○復扶又反錫音羊。或星歷反夏。叔仲惠伯會晉郤缺于承匡。謀諸侯之從於楚者九年。陳鄭及楚平。十年。宋聽楚命秋。曹文公來朝。即位而來見也。襄仲聘于宋。且言司城蕩意諸而復之八年。意諸來奔。歸不書。史失之。○見賢遍反因賀楚師之不害也往年楚次厥貉。將以伐宋鄋瞞侵齊鄋瞞。狄國名。防風之後。漆姓。○鄋所求反瞞莫干反遂伐我。公卜使叔孫得臣追之。吉。侯叔夏御莊叔莊叔。得臣緜房甥為右。富父終甥駟乘駟乘。四人共車。○乘繩證反。下皆同冬。十月。甲午。敗狄于鹹。獲長狄僑如僑如。鄋瞞國之君。蓋長三丈。獲僑如不書。賤夷狄也。○僑其驕反富父終甥摏其喉以戈殺之摏猶衝也。○摏舒容反埋其首於子駒之門子駒魯郭門。骨節非常。恐後世怪之。故詳其處以命宣伯得臣待事而名其三子。因名宣伯曰僑如。以旌其功宋在春秋前司徒皇父帥師禦之。耏班御皇父充石皇父。戴公子。充石。皇父名。○耏音而公子穀甥爲右。司寇牛父駟乘。以敗狄于長丘長丘。宋地獲長狄緣斯緣斯。

僑如之先。皇父之二子死焉。皇父與穀甥及牛父皆死。故耏班獨受賞。宋公於是以門賞耏班。使食其征。門。關門。征。稅也。謂之耏門。晉之滅潞也。在宣十五年。獲僑如之弟焚如。齊襄公之二年。魯桓之十六年。鄋瞞伐齊。齊王子成父獲其弟榮如。榮如。焚如之弟。焚如後死而先説者。欲其兄弟伯季相次。榮如以魯桓十六年死。至宣十五年。一百三歲。其兄猶在。傳言既長且壽。有異於人。王子成父。齊大夫。埋其首於周首之北門。周首。齊邑。濟北穀城縣東北有周首亭。衛人獲其季弟簡如。伐齊退走。至衛見獲。鄋

瞞由是遂亡長狄之種絕郕大子朱儒自安於夫鍾安處也夫鍾郕邑○夫音扶國人弗徇徇順也爲明年郕伯來奔傳

經十有二年春王正月郕伯來奔稱爵見公以諸侯禮迎之○見賢遍反杞伯來朝復稱伯舍夷禮○舍音捨二月庚子子叔姬卒既嫁成人雖見出弃猶以恩錄其卒夏楚人圍巢巢吳楚閒小國盧江六縣東有居巢城秋滕子來朝秦伯使術來聘術不稱氏史略文冬十有二月戊午晉人秦人戰于河曲不書敗績交綏而退不大崩也稱人秦晉無功以微者告也皆陳曰戰例

在莊十一年。河曲在河東蒲坂縣南。季孫行父帥師。城諸及鄆。鄆。莒魯所爭者。城陽姑幕縣南有員亭。員即鄆也。以其遠偪外國。故帥師城之。○鄆音運。員音云。一音運。

傳十二年。春。郕伯卒。郕人立君。大子自安於外邑。故大子以夫鍾與郕邽來奔。郕邽。亦邑。○邽音圭。公以諸侯逆之。非禮也。非公寵叛人。故書曰郕伯來奔。不書地。尊諸侯也。既尊以爲諸侯。故不復見其竊邑之罪。杞桓公來朝。始朝公也。公即位始來朝。且請絕叔姬而無絕昬。

公許之不絕昏。立其娣以爲夫人。不書大歸。未歸而卒二月。叔姬卒。不言杞。絕也既許其絕。故不言杞書叔姬。言非女也女未笄而卒。不書楚令尹大孫伯卒。成嘉爲令尹若敖曾孫子孔羣舒叛楚羣舒。偃姓。舒庸。舒鳩之屬。今盧江南有舒城。舒城西南有龍舒夏。子孔執舒子平。及宗子。遂圍巢平。舒君名。宗。巢。二國羣舒之屬秋。滕昭公來朝。亦始朝公也。秦伯使西乞術來聘。且言將伐晉。襄仲辭玉。曰。君不忘先君之好。照臨魯國。鎮撫其社稷。重之以大

乾隆四十八年

器。寡君敢辭玉。（大器，圭璋也。不欲與秦爲好，故辭玉。○好，去聲，下同。）對曰：不腆敝器，不足辭也。（腆，厚也。○腆，他典反。）主人三辭。賓荅曰：寡君願徼福于周公、魯公以事君，（徼，要也。魯公，伯禽也。言願事君，以并蒙先君之福。○徼，古堯反。要，於堯反，下同。）不腆先君之敝器，使下臣致諸執事以爲瑞節，（節，信也。出聘必告廟，故稱先君之器。）要結好命，所以藉寡君之命，結二國之好，（藉，薦也。○藉，在夜反。）是以敢致之。襄仲曰：不有君子，其能國乎？國無陋矣。厚賄之。（賄，贈送也。）秦爲令狐之役故。爲于僞反冬。秦伯伐晉。取羈馬。令狐役在七年。羈馬。晉邑晉人禦之。趙盾將中軍。荀林父佐之。林父代先克郤缺將上軍。代箕鄭臾駢佐之。代林父。駢步邊反欒盾將下軍。欒枝子。代先蔑胥甲佐之。胥臣子。代先都范無恤御戎。代步招。招上遙反盾徒本反以從秦師于河曲。臾駢曰。秦不能久。請深壘固軍以待之。從之。秦人欲戰。秦伯謂士會曰。若何而戰。晉士會七年奔秦對曰。趙氏新出其屬曰臾駢。必實爲此謀將以老我師也。臾駢，趙盾屬大夫。新出佐上軍。趙有側室曰穿。晉君之壻也。側室，支子。穿，趙夙庶孫。有寵而弱。不在軍事。弱，年少也。又未嘗涉知軍事。好勇而狂。且惡臾駢之佐上軍也。若使輕者肆焉。其可。肆，暫往而退也。惡，烏路反。輕，遣政反。秦伯以璧祈戰于河。禱求勝。十二月戊午。秦軍掩晉上軍。趙穿追之不及。上軍不動。趙穿獨追之。反怒曰。裹糧坐甲。固敵是求。敵至不擊。將何俟焉。軍吏曰。將有待也。待可擊。穿曰。

我不知謀。將獨出。乃以其屬出。宣子曰。秦獲穿也獲一卿矣僖三十三年。晉侯以一命命郤缺爲卿。不在軍帥之數。然則晉自有散位從卿者秦以勝歸。我何以報。乃皆出戰。交綏司馬灋曰。逐奔不遠。從綏不及。逐奔不遠則難誘。從綏不及則難陷。然則古名退軍爲綏。秦晉志未能堅戰。短兵未致爭而兩退。故曰交綏秦行人夜戒晉師曰。兩君之士。皆未憖也。明日請相見也。憖。缺也。○憖魚覲反。又魚轄反。方言云。傷也。字林云。閒也臾駢曰。使者目動而言肆。懼我也目動。心不安。言肆。聲放失常節。○使去聲將遁矣薄諸河必敗之（薄迫也○薄蒲莫反）胥甲趙穿當軍門呼曰死傷未收而弃之不惠也不待期而薄人於險無勇也乃止（晉師止爲宣元年放胥甲傳）秦師夜遁復侵晉入瑕城諸及鄍書時也（○復扶又反）

經十有三年春王正月夏五月壬午陳侯朔卒（無傳再同盟）邾子蘧蒢卒（未同盟而赴以名○蘧其居反蒢丈居反）

自正月不雨至于秋七月（無傳義與二年同）大室屋壞（大廟之室○大音泰）冬公如晉衛侯會公于沓（沓地闕○）

沓徒荅反狄侵衛無傳十有二月己丑公及晉侯盟十二月無己丑。己丑，十一月十一日公還自晉鄭伯會公于棐棐，鄭地。棐芳尾反，又非尾反

傳十三年春，晉侯使詹嘉處瑕，以守桃林之塞。詹嘉，晉大夫，賜其瑕邑，令帥衆守桃林以備秦。桃林在弘農華陰縣東潼關。塞悉代反　潼音童晉人患秦之用士會也。夏，六卿相見於諸浮。諸浮，晉地趙宣子曰：「隨會在秦，賈季在狄，難日至矣，若之何？」六年賈季奔狄　難乃旦反中行桓子

曰。請復賈季。中行桓子荀林父也。僖二十八年始將中行。故以爲氏。○行戶郎反能外事。且由舊勳。有狐偃之舊勳郤成子曰。賈季亂。且罪大。殺陽處父故不如隨會。能賤而有恥。柔而不犯。不可犯以不義其知足使也。且無罪。乃使魏壽餘僞以魏叛者。以誘士會。執其帑於晉。使夜逸。魏壽餘。畢萬之後。帑。壽餘子。○知音智。帑音奴請自歸于秦。秦伯許之。許受其邑履士會之足於朝。躡士會足。欲使行。○躡女涉反秦伯師于河西。將取魏魏人在東。今河北縣。於秦爲在

(河之東)壽餘曰。請東人之能與夫二三有司言者。吾與之先(欲與晉人在秦者。共先告喻魏有司)使士會。士會辭曰。晉人虎狼也。若背其言。臣死妻子爲戮。無益於君。不可悔也(辭行。示已無去心。○背。音佩)秦伯曰。若背其言。所不歸爾帑者。有如河(言必歸其妻子。明白如河)乃行。繞朝贈之以策(策。馬檛。臨別授之馬檛。竝示己所策以展情。繞朝。秦大夫。○朝。如字。又張遥反。檛。張爪反)曰。子無謂秦無人。吾謀適不用也(示已覺其情)旣濟。魏人譟而還(喜得士會)

○課素報反秦人歸其帑。其處者爲劉氏。士會堯後。劉累之胤。別族復累之姓。○累劣彼反邾文公卜遷于繹。繹。邾邑。魯國鄒縣北有繹山史曰。利於民而不利於君。邾子曰。苟利於民。孤之利也。天生民而樹之君。以利之也。民既利矣。孤必與焉。左右曰。命可長也。君何弗爲。邾子曰。命在養民。死之短長。時也。民苟利矣。遷也。吉莫如之。左右以一人之命爲言。文公以百姓之命爲主。一人之命。各有短長。不可如何。百姓之命。乃傳世無窮。故徙之。○與音預遂遷于繹。五月。邾文公卒。君子曰。知命。秋七月。大室之屋壞。書不共也（簡慢宗廟。使至傾頹。故書。以見臣子不共。）冬。公如晉朝。且尋盟。衛侯會公于沓。請平于晉。公還。鄭伯會公于棐。亦請平于晉。公皆成之。（鄭衛貳于楚。畏晉。故因公請平。）鄭伯與公宴于棐。子家賦鴻鴈。（子家。鄭大夫公子歸生也。鴻鴈。詩小雅。義取侯伯哀恤鰥寡。有征行之勞。言鄭國寡弱。欲使魯侯還晉恤之。）季文子曰。寡君未免於此。（言亦同有微弱之憂。）文子賦四月。（四月。詩小雅。義取行役踰時。思歸祭祀。不欲爲還晉

○爲于僞反子家賦載馳之四章載馳詩鄘風四章以下義取小國有急欲引大國以救助文子賦采薇之四章采薇詩小雅取其豈敢定居一月三捷許爲鄭還不敢安居○三息暫反又如字鄭伯拜謝公爲行公荅拜

經十有四年春王正月公至自晉無傳告於廟邾人伐我南鄙叔彭生帥師伐邾夏五月乙亥齊侯潘卒七年盟于扈乙亥四月二十九日書五月從赴○潘判干反六月公會宋公陳侯衛侯鄭伯許男曹伯晉趙

盾。癸酉，同盟于新城。新城，宋地，在梁國穀熟縣西。秋，七月。有星孛入于北斗。孛，彗也。既見而後入北斗。非常所有，故書之。孛音佩。彗，似歲反。一，雖遂反。公至自會。無傳。晉人納捷菑于邾。弗克納。邾有成君，晉趙盾不度於義，而大興諸侯之師，涉邾之竟，見辭而退，雖有服義之善，所興者廣，所害者衆，故貶稱人。菑，側其反。度，待各反。九月甲申，公孫敖卒于齊。既許復之，故從大夫例書卒。齊公子商人弒其君舍。舍未踰年而稱君者，先君既葬，舍已即位。弒君例在宣四年。宋子哀來奔。大夫奔例書名氏，貴之，故書字。冬，單伯如齊。單伯，周卿士。爲魯如齊。故書。單音善。爲于僞反齊人執單伯諸侯無執王使之義。故不依行人例齊人執子叔姬叔姬魯女。齊侯舍之母。不稱夫人。自魯錄之。父母辭

傳十四年。春。頃王崩。周公閱與王孫蘇爭政。故不赴。凡崩薨。不赴則不書。禍福不告亦不書。奔亡。禍也。歸復。福也。頃音傾。閱音悅懲不敬也欲使怠慢者自戒

邾文公之卒也在前年公使弔焉。不敬。邾人來討。伐我南鄙。故惠伯伐邾。子叔姬妃齊昭公。

生舍叔姬無寵舍無威公子商人驟施於國驟數也商人桓公子○妃音配驟仕救反施式豉反而多聚士盡其家貸於公有司以繼之家財盡從公及國之有司富者貸○貸音特又音忒夏五月昭公卒舍即位邾文公元妃齊姜生定公二妃晉姬生捷菑文公卒邾人立定公捷菑奔晉六月同盟于新城從於楚者服從楚者陳鄭宋且謀邾也謀納捷菑秋七月乙卯夜齊商人弒舍而讓元元商人兄齊惠公也書九月從告七月無乙卯日誤元

曰爾求之久矣我能事爾爾不可使多蓄憾不爲君則恨多將免我乎爾爲之言將復殺我有星孛入于北斗周內史叔服曰不出七年宋齊晉之君皆將死亂後三年宋弒昭公五年齊弒懿公七年晉弒靈公史服但言事徵而不論其占固非末學所得詳言晉趙盾以諸侯之師八百乘納捷菑于邾八百乘六萬人言力有餘邾人辭曰齊出貜且長貜且定公○貜俱縛反又居碧反且子餘反長丁丈反宣子曰辭順而弗從不祥乃還立適以長故曰辭順周公將與

王孫蘇訟于晉王叛王孫蘇王匡王叛不與而使尹氏與聃啓訟周公于晉訟理之尹氏周卿士聃啓周大夫聃乃甘反趙宣子平王室而復之復使和親楚莊王立穆王子也子孔潘崇將襲羣舒使公子燮與子儀守而伐舒蓼即羣舒燮昔協反守手又反二子作亂城郢而使賊殺子孔不克而還八月二子以楚子出將如商密國語曰楚莊王幼弱子儀爲師王子燮爲傅還音旋廬戢黎及叔麇誘之遂殺鬭克及公子燮廬今襄陽中廬

縣。戢梨。廬大夫。叔麇其佐。鬬克子儀也

初。鬬克囚于秦在僖二十五年秦有殽之敗在僖三十三年而使歸求成。成而不得志無賞報也公子燮求令尹而不得。故二子作亂傳言楚莊幼弱。國內亂。所以不能與晉競

穆伯之從已氏也在八年。已音紀。又音祀魯人立文伯穆伯之子穀也穆伯生二子於莒。而求復。文伯以爲請。襄仲使無朝聽命。復而不出不得使與聽政事。終寢於家。故出入不書三年而盡室以復適莒。文伯疾而請曰。穀之子弱子。孟獻子。年尚少

請立難也難，穀弟。○難，乃多反，又如字。許之。文伯卒，立惠叔。穆伯請重賂以求復，惠叔以爲請，許之。將來，九月，卒于齊。告喪，請葬，弗許。請以卿禮葬。宋高哀爲蕭封人，以爲卿，蕭，宋附庸。仕附庸，還升爲卿。不義宋公而出，遂來奔。出而待放，從放所來，故曰遂。書曰「宋子哀來奔」，貴之也。貴其不食汙君之祿，辟禍速也。齊人定懿公，使來告難，故書以九月。齊人不服，故三月而後定。書以九月，明經日月皆從赴。齊公子元不順懿公之爲政也，終不曰公曰夫己氏猶言某甲。夫音扶己音紀襄仲使告于王。請以王寵求昭姬于齊昭姬子叔姬曰殺其子焉用其母請受而罪之。焉於虔反冬單伯如齊請子叔姬齊人執之恨魯恃王勢以求女故又執子叔姬欲以恥辱魯

經十有五年。春。季孫行父如晉。三月。宋司馬華孫來盟華孫奉使鄰國。能臨事制宜。至魯而後定盟。故不稱使。其官皆從。故書司馬。○華戶化反從才用反夏。曹伯來朝。齊人歸公孫敖

之喪大夫喪還不書。善魯感子以赦父。敦公族之恩。崇仁孝之教。故特録赦喪歸以示義六月辛丑朔日有食之。鼓用牲于社傳例曰非禮也單伯至自齊。晉郤缺帥師伐蔡。戊申入蔡。傳例曰。獲大城曰入秋。齊人侵我西鄙。季孫行父如晉。冬。十有一月。諸侯盟于扈將伐齊。晉侯受賂而止。故揔曰諸侯。言不足序列十有二月。齊人來歸子叔姬齊人以王故。來送子叔姬。故與直出者異文齊侯侵我西鄙。遂伐曹。入其郛郛。郭也傳。十五年。春。季文子如晉。爲單伯與子叔姬故也。因晉請齊三月。宋華耦來盟。其官皆從之。書曰宋司馬華孫。貴之也。古之盟會。必備威儀。崇贄幣。賓主以成禮爲敬。故傳曰。卿行旅從。春秋時。率多不能備儀。華孫能率其屬以從古典。所以敬事而自重。使重而事敬。則魯尊而禮篤。故貴而不名。○皆從才用反。注旅從同。又如字。率所類反。又音律公與之宴。辭曰。君之先臣督得罪於宋殤公。名在諸侯之策。臣承其祀。其敢辱君。耦。華督曾孫也。督弒殤公。在桓二年。耦自以罪人子孫。故不敢屈辱魯君。對共宴會。請承命於亞旅亞旅，上大夫也。魯人以爲敏無故揚其先祖之罪，是不敏。魯人以爲敏，明君子所不與也。夏，曹伯來朝，禮也。諸侯五年再相朝，以脩王命，古之制也。十一年，曹伯來朝，雖至此乃來，亦五年。傳爲冬齊侯伐曹張本。齊人或爲孟氏謀孟氏，公孫敖家。慶父爲長庶，故或稱孟氏。曰：魯，爾親也。飾棺寘諸堂阜，堂阜，齊魯竟上地。飾棺不殯，示無所歸。魯必取之。從之。卞人以告卞人，魯卞邑大夫。惠叔猶毀以爲請敖卒則惠叔請之，至今期年而猶未已。毀過喪禮。立於朝以待命。許之，取而殯之。殯於孟氏之寢終叔服之言齊人送之書曰齊人歸公孫敖之喪爲孟氏且國故也爲惠叔毀請且國之公族故聽其歸殯而書之葬視共仲制如慶父皆以罪降聲己不視帷堂而哭聲己惠叔母怨敖從莒女故帷堂襄仲欲勿哭怨敖取其妻惠伯曰喪親之終也惠伯叔彭生雖不能始善終可也史佚有言曰兄弟致美各盡其美義乃終救乏賀善弔災祭敬喪哀情雖不同毋絕其愛親之道也子無失道何怨於人襄仲說帥兄弟以哭

之佗年其二子來敖在莒所生孟獻子愛之聞於國獻子。穀之子仲孫蔑○聞音問或如字或譖之曰將殺子獻子以告季文子二子曰夫子以愛我聞我以將殺子聞不亦遠於禮乎遠禮不如死一人門于句鼆一人門于戾丘皆死句鼆戾丘魯邑。有寇攻門二子禦之而死○遠于萬反句古侯反鼆莫幸反六月辛丑朔日有食之鼓用牲于社非禮也得常鼓之月而於社用牲爲非禮日有食之天子不舉去盛饌伐鼓于社責羣陰伐猶擊也。諸侯用幣于社。社尊於諸侯。故請救而不敢責之。伐鼓于朝。退自責。以昭事神訓民事君。天子不舉。諸侯用幣。所以事神。尊卑異制。所以訓民。示有等威。古之道也。等威。威儀之等差。齊人許單伯請而赦之。使來致命。以單伯執節不移。且畏晉。故許之。書曰單伯至自齊。貴之也。單伯爲魯拘執。既免而不廢禮。終來致命。故貴而告廟。新城之盟。在前年。蔡人不與。不會盟。○與音預。下同。晉郤缺以上軍下軍伐蔡。兼帥二軍。曰。君弱。不可以怠。怠。解也。戊申。入蔡。以城下之盟而還。凡勝國曰滅之勝國。絕其社稷。有其土地。○還音旋獲大城焉曰入之得大都而不有秋齊人侵我西鄙故季文子告于晉冬十一月晉侯宋公衛侯蔡侯陳侯鄭伯許男曹伯盟于扈尋新城之盟且謀伐齊也齊執王使。且數伐魯齊人賂晉侯故不克而還於是有齊難是以公不會明今不序諸侯。不以公不會故書曰諸侯盟于扈無能爲故也惡其受賂。不能討齊凡諸侯會公不與不書諱君惡也謂國無難。不會義事。故爲惡。不書。謂不國別序諸侯與而不書後也謂後期也。今貶諸侯。似爲公諱。

故傳發例以明之齊人來歸子叔姬王故也單伯雖見執。能

守節不移。終達王命。使叔姬得歸齊侯侵我西鄙謂諸侯不

能也不能討己遂伐曹入其郛討其來朝也此年夏朝

季文子曰齊侯其不免乎己則無禮執王使而伐無

罪而討於有禮者曰女何故行禮禮以順天

天之道也己則反天而又以討人難以免矣

詩曰胡不相畏不畏于天詩小雅。○相息亮反。又如字君

子之不虐幼賤畏于天也在周頌曰畏天之威于時保之詩周頌言畏天威于是保福祿不畏于天將何能保以亂取國奉禮以守猶懼不終多行無禮弗能在矣爲十八年齊弑商人傳○守手又反

經十有六年春季孫行父會齊侯于陽穀齊侯弗及盟及與也夏五月公四不視朔諸侯每月必告朔聽政因朝於廟今公以疾闕不得視二月三月四月五月朔也春秋十二公以疾不視朔非一也義無所取故特舉此以表行事因明公之實有疾非詐齊六月戊辰

公子遂及齊侯盟于郪丘信公疾且以賂故郪丘齊地○郪音西又七西反秋八月辛未夫人姜氏薨僖公夫人文公母也毀泉臺泉臺臺名毀壞之也○壞音怪楚人秦人巴人滅庸冬十有一月宋人弑其君杵臼稱君君無道也例在宣四年

傳十六年春王正月及齊平齊前年再伐魯魯爲受弱故平公有疾使季文子會齊侯于陽穀請盟齊侯不肯曰請俟君閒閒疾瘳○閒如字瘳敕周反夏五月公

四不視朔。疾也。公使襄仲納賂于齊侯。故盟于郪丘。有蛇自泉宮出。入于國如先君之數。伯禽至僖公十七君秋。八月辛未。聲姜薨。毁泉臺。魯人以爲蛇妖所出而聲姜薨。故壞之楚大饑。戎伐其西南至于阜山。師于大林。又伐其東南至于陽丘。以侵訾枝。戎。山夷也。大林。陽丘。訾枝。皆楚邑庸人帥羣蠻以叛楚。庸。今上庸縣。屬楚之小國麇人率百濮聚於選。將伐楚。選。楚地。百濮。夷也於是申息之北門不啓。備中國楚人謀徙於阪高楚險地蔿賈曰不可。我能往，寇亦能往。不如伐庸。夫麇與百濮謂我饑不能師，故伐我也。若我出師，必懼而歸。百濮離居，將各走其邑，誰暇謀人。乃出師。旬有五日，百濮乃罷。濮夷無屯聚，見難則散歸。○蔿于委反。自廬以往，振廩同食。往。往伐庸也。振，發也。廩，倉也。同食，上下無異饌也。次于句澨。楚西界也。○句古侯反。使廬戢梨侵庸，戢梨，廬大夫。及庸方城。方城，庸地。上庸縣東有方城亭。庸人逐之，囚子揚窻。窻，戢梨官屬。三宿而逸曰庸師衆羣蠻聚焉不如復大師還復句滋師且起王卒合而後進師叔曰不可師叔楚大夫潘尫也○尫烏黄反姑又與之遇以驕之彼驕我怒而後可克先君蚡冒所以服陘隰也蚡冒楚武王父陘隰地名○蚡扶粉反史記楚世家云蚡冒卒弟熊達殺蚡冒子而代立是爲楚武王與杜異陘音刑又與之遇七遇皆北軍走曰北○北如字一音佩唯裨儵魚人實逐之裨儵魚庸三邑魚魚復縣今巴東永安縣輕楚故但使三邑人逐之○裨婢支反儵直留反庸人曰楚不足與戰矣遂

不設備楚子乘馹會師于臨品馹傳車也臨品地名○馹人實反傳丁戀反分爲二隊隊部也兩道攻之子越自石溪子貝自仞以伐庸子越鬬椒也石溪仞入庸道秦人巴人從楚師羣蠻從楚子盟蠻見楚强故遂滅庸傳言楚有謀臣○所以興宋公子鮑禮於國人鮑昭公庶弟文公也宋饑竭其粟而貸之年自七十以上無不饋詒也時加羞珍異羞進也無日不數於六卿之門數不疏○數音朔國之材人無不事也有賢材者親自桓以

下。無不恤也桓。鮑之曾祖公子鮑美而豔。襄夫人欲通之鮑適。祖母而不可以禮自防閑乃助之施。昭公無道。國人奉公子鮑以因夫人。於是華元爲右師元。華督曾孫。代公子成。○施式豉反公孫友爲左師。華耦爲司馬代公子印鱗矔爲司徒。蕩意諸爲司城。公子朝爲司寇代華御事。○矔古亂反朝如字初司城蕩卒。公孫壽辭司城壽。蕩之子請使意諸爲之意諸。壽之子既而告人曰。君無道。吾官近。懼及焉禍及已弃官則族無所庇。子身之貳也。姑紓死焉。姑且也。紓緩也。雖亡子。猶不亡族。己在故也既夫人將使公田孟諸而殺之。公知之。盡以寶行。蕩意諸曰。盍適諸侯。公曰。不能其大夫。至于君祖母以及國人。君祖母。諸侯祖母之稱。謂襄夫人諸侯誰納我。且既爲人君。而又爲人臣。不如死。盡以其寶賜左右。而使行。行去也夫人使謂司城去公。對曰。臣之而逃其難。若後君何。言無以事後君冬。十一月。甲寅。宋昭公將田孟諸，未至，夫人王姬使帥甸攻而殺之。襄夫人，周襄王姊，故稱王姬。帥甸，郊甸之帥。蕩意諸死之。不書，不告。書曰「宋人弑其君杵臼」，君無道也。始例發於臣之罪，今稱國人，故重明君罪。文公即位，使母弟須爲司城。代意諸。華耦卒，而使蕩虺爲司馬。虺，意諸之弟。虺，況鬼反。

經十有七年春，晉人、衛人、陳人、鄭人伐宋。自閔、僖已下，終於春秋，陳侯常在衛侯上。今大夫會在衛下，傳不言陳公孫寧後至，則寧位非上卿故也。夏四月癸亥，葬我小君聲姜。齊侯伐我西鄙。西當爲北。蓋經誤六月。癸未。公及齊侯盟于穀。諸侯會于扈。昭公雖以無道見弑。而文公猶宜以弑君受討。故林父伐宋。以失所稱人。晉侯平宋。以無功不序。明君雖不君。臣不可不臣。所以督大教秋。公至自穀。無傳冬。公子遂如齊。

傳十七年。春。晉荀林父。衛孔達。陳公孫寧。鄭石楚伐宋。討曰。何故弑君。猶立文公而還。卿不書。失其所也。卿不書。謂稱人夏。四月。癸亥。葬聲姜。有齊難。是以緩。過五月之例齊侯伐我北鄙。襄仲請盟。六月。盟于穀（晉不能救魯。故請服）晉侯蒐于黃父（一名黑壤。晉地）遂復合諸侯于扈。平宋也（傳不列諸國而言復合。則如上十五年會扈之諸侯可知也○復扶又反）公不與會。齊難故也。書曰諸侯。無功也（刺欲平宋而復不能○與音預）於是晉侯不見鄭伯。以爲貳於楚也。鄭子家使執訊而與之書。以告趙宣子（執訊。通訊問之官。爲書與宣子）曰。寡君即位三年（魯文二年）召蔡侯而與之事君。九月。蔡侯入于敝邑以行（行。朝晉也）敝邑以侯宣多之難。寡君是以不得與蔡侯偕宣多既立穆公。恃寵專權十一月。克減侯宣多而隨蔡侯以朝于執事減損也。難未盡而行。言汲汲于朝晉十二年六月。歸生佐寡君之嫡夷歸生。子家名。夷。大子名以請陳侯于楚而朝諸君請陳于楚。與俱朝晉十四年七月。寡君又朝以蕆陳事蕆。勑也。勑成前好。○蕆勑展反十五年五月。陳侯自敝邑往朝于君。往年正月。燭之武往朝夷也將夷往朝晉八月。寡君又往朝。以陳蔡之密邇於楚。而不敢貳焉則敝邑之故也密邇比近也雖敝邑之事君何以不免免免罪也在位之中一朝于襄襄公而再見于君君靈公也見賢遍反○夷與孤之二三臣相及於絳孤之二三臣謂燭之武歸生自謂也絳晉國都雖我小國則蔑以過之矣今大國曰爾未逞吾志敝邑有亡無以加焉古人有言曰畏首畏尾身其餘幾言首尾有畏則身中不畏者少又曰鹿死不擇音音所茠蔭之處古字聲同皆相假借○茠虛求反蔭於鴆反小國之事大國也德

則其人也以德加己則以人道相事不德則其鹿也鋌而走險急何能擇鋌疾走貌言急則欲蔭茠於楚如鹿赴險○鋌他頂反命之罔極亦知亡矣言晉命無極將悉敝賦以待於鯈唯執事命之鯈晉鄭之竟言欲以兵距晉○鯈直留反文公二年六月壬申朝于齊鄭文二年六月壬申魯莊二十三年六月二十四日四年二月壬戌為齊侵蔡魯莊二十五年二月無壬戌壬戌三月二十日亦獲成於楚鄭與楚成居大國之間而從於彊令豈其罪也令號令也大國若弗圖無所

逃命。晉鞏朔行成於鄭。趙穿。公壻池爲質焉趙穿。卿也。公壻池。晉侯女壻。鞏九勇反質音致秋。周甘歜敗戎于邥垂。乘其飲酒也歜。周大夫。邥垂。周地。河南新城縣北有垂亭。爲成元年晉侯平戎于王張本。歜昌欲反邥音審冬。十月。鄭大子夷。石楚。爲質于晉夷。靈公也。石楚。鄭大夫襄仲如齊。拜穀之盟。復曰。臣聞齊人將食魯之麥。以臣觀之。將不能。齊君之語偷。臧文仲有言曰。民主偷必死。偷猶苟且

經。十有八年。春。王二月。丁丑。公薨于臺下。秦伯罃卒。無傳。未同盟而赴以名。○罃於耕反 夏。五月。戊戌。齊人弑其君商人。不稱盜。罪商人。六月。癸酉。葬我君文公。秋。公子遂叔孫得臣如齊。書二卿。以兩事行。非相爲介 冬。十月。子卒。先君既葬。不稱君者。魯人諱弑。以未成君書之。子。在喪之稱 夫人姜氏歸于齊。季孫行父如齊。無傳 莒弑其君庶其。稱君。君無道也

傳。十八年。春。齊侯戒師期。將以伐魯 而有疾。醫曰。

不及秋。將死。公聞之。卜曰。尚無及期。尚庶幾也。欲令先師期死。〇(先)悉薦反惠伯令龜以卜事告龜卜楚丘占之。曰。齊侯不及期。非疾也。君亦不聞。言君先齊侯終令龜有咎。言令龜者。亦有凶咎見於卜兆。爲惠伯死張本。〇(見)賢遍反二月。丁丑。公薨。齊懿公之爲公子也。與邴歜之父爭田。弗勝。及即位。乃掘而刖之。斷其尸足。〇(邴)音丙。又彼病反(歜)昌欲反(掘)其勿反。又其月反而使歜僕。僕。御也納閻職之妻。而使職驂乘。驂乘。陪乘。〇(乘)繩證反夏五月。公游于申池齊南城西門名申門。齊城無池。唯此門左右有池。疑此則是二人浴于池。歜以扑挟職扑。箠也。挟。擊也。欲以相感激。【扑】普卜反【挟】勑乙反【箠】市蘂反。又之蘂反職怒。歜曰。人奪女妻而不怒。一挟女庸何傷。職曰。與刖其父而弗能病者何如言不以父刖爲病恨。【女】音汝乃謀弒懿公。納諸竹中。歸舍爵而行飲酒訖乃去。言齊人惡懿公。二人無所畏。【舍】音赦齊人立公子元桓公子惠公六月。葬文公。秋。襄仲莊叔如齊。惠公立故。且拜葬也。襄仲賀惠公立。莊叔謝齊來會葬文公二妃敬嬴生宣公敬嬴嬖而私事襄仲宣公長而屬諸襄仲襄仲欲立之叔仲不可（叔仲惠伯）（〇屬音燭）仲見于齊侯而請之齊侯新立而欲親魯許之冬十月仲殺惡及視而立宣公（惡大子視其母弟殺視不書賤之）書曰子卒諱之也仲以君命召惠伯（許以子惡命）其宰公冉務人止之曰入必死叔仲曰死君命可也公冉務人曰若君命可死非君命何聽弗聽乃入殺而埋之馬矢之

中惠伯死不書者史畏襄仲不敢書殺惠伯公冉務人奉其帑以奔蔡既而復叔仲氏不絕其後夫人姜氏歸于齊大歸也惡視之母出姜也嫌與有罪出者異故復發傳將行哭而過市曰天乎仲爲不道殺適立庶市人皆哭魯人謂之哀姜所謂出姜不允於魯過古禾反又古卧反莒紀公生大子僕又生季佗愛季佗而黜僕且多行無禮於國紀號也莒夷無謚故有別號佗徒何反僕因國人以弒紀公以其寶玉來奔納諸宣公公命與之

邑。曰。今日必授。季文子使司寇出諸竟。曰。今日必達（未見公而文子出之。故來不書）公問其故。季文子使大史克對曰。先大夫臧文仲教行父事君之禮。行父奉以周旋。弗敢失隊。曰。見有禮於其君者。事之。如孝子之養父母也。見無禮於其君者。誅之。如鷹鸇之逐鳥雀也。先君周公制周禮曰。則以觀德（則。法也。合法則爲吉德。○隊音墜。養去聲）德以處事（處猶制也）事以度功（度。量也。○度待洛反。下同）功以食民

（食。養也。）作誓命曰。毀則爲賊（誓。要信也。毀則。壞法也。○食音嗣。壞音怪）掩賊爲藏（掩。匿也）竊賄爲盜（賄。財也）盜器爲姦（器。國用也）主藏之名（以掩賊爲名）賴姦之用（用姦器也）爲大凶德。有常無赦（刑有常）在九刑不忘（誓命以下。皆九刑之書。九刑之書今亡）行父還觀莒僕莫可則也（還猶周旋。○還音旋）孝敬忠信爲吉德。盜賊藏姦爲凶德。夫莒僕。則其孝敬。則弒君父矣。則其忠信。則竊寶玉矣。其人。則盜賊也。其器。則姦兆也（兆。域也）

保而利之則主藏也。以訓則昏民無則焉。不度於善（度，居也）而皆在於凶德。是以去之。昔高陽氏有才子八人（高陽，帝顓頊之號。八人，其苗裔。○去，起呂反。下同）蒼舒、隤敳、檮戭、大臨、尨降、庭堅、仲容、叔達（此即垂。益。禹。皐陶之倫。庭堅即皐陶字。○隤音頹。敳五才反。一五回反。檮音稠。又音桃。戭音演。又已震反。尨音厖。降音杭）齊聖廣淵。明允篤誠。天下之民。謂之八愷（齊。中也。淵。深也。允。信也。篤。厚也。愷。和也）高辛氏有才子八人（高辛。帝嚳之號。八人亦其苗裔。○嚳苦毒反）伯奮、仲堪、叔獻、季仲、伯虎、仲熊、叔豹、季貍，此即稷、契、朱虎、熊羆之倫。忠肅共懿、宣慈惠和，天下之民謂之八元。肅，敬也。懿，美也。宣，徧也。元，善也。此十六族也，世濟其美，不隕其名，濟，成也。隕，隊也。以至於堯，堯不能舉。舜臣堯，舉八愷，使主后土，后土，地官。禹作司空，平水土，即主地之官。以揆百事，莫不時序，地平天成。揆，度也。成，亦平也。舉八元，使布五教于四方，契作司徒，五教在寬，故知契在八元之中。父義、母慈、兄友、弟共、子孝，內平外成。內，諸夏。外，夷狄。昔帝鴻氏有不才子帝鴻黃帝掩義隱賊好行凶德醜類惡物頑嚚不友是與比周醜亦惡也。比，近也。周，密也。嚚魚巾反。心不則德義之經爲頑，口不道忠信之言爲嚚。比毗志反天下之民謂之渾敦。謂驩兜。渾敦，不開通之貌。渾戶本反。敦徒本反少皞氏有不才子少皞，金天氏之號，次黃帝毀信廢忠崇飾惡言靖譖庸回服讒蒐慝以誣盛德崇，聚也。靖，安也。庸，用也。回，邪也。服，行也。蒐，隱也。慝，惡也。盛德，賢人也。蒐所留反天下之民謂之窮奇謂共工。其行窮，其好奇顓頊氏有不才子不可教訓不知話言（話，善也。㊟話，戶怪反。）告之則頑，（德義不入心。）舍之則嚚，（不道忠信。㊟舍音赦。）傲很明德，以亂天常。天下之民謂之檮杌。（謂鯀。檮杌，頑凶無儔匹之貌。㊟檮，徒刀反。）此三族也，世濟其凶，增其惡名，以至于堯，堯不能去。（方以宜公比堯，行父比舜，故言堯亦不能去。須賢臣而除之。）縉雲氏有不才子，（縉雲，黃帝時官名。）貪于飲食，冒于貨賄，侵欲崇侈，不可盈厭，聚斂積實，不知紀極，不分孤寡，不恤窮匱。（冒亦貪也。盈，滿也。實，財也。）天下之民以比三凶，（非帝者子孫，故別以比三凶謂之饕餮貪財爲饕。貪食爲餮。饕他刀反。餮他結反。○舜臣堯爲堯臣賓于四門闢四門達四聰。以賓禮衆賢。流四凶族案四凶罪狀而流放之渾敦窮奇檮杌饕餮投諸四裔以禦螭魅投。弃也。裔。遠也。放之四遠。使當螭魅之災。螭魅。山林異氣所生。爲人害者。○螭勑知反。魅亡備反。是以堯崩而天下如一。同心戴舜。以爲天子。以其舉十六相去四凶也。故虞書數舜之功曰。慎徽五典。五典克從。無違教也。徽。美也。典。常也。此八元之功。曰。納于百揆。百揆時序。無廢事也。此八愷之功。曰。賓于四門。四門穆穆。無凶人也。流四凶。舜有大功二十而爲天子。舉十六相，去四凶也。今行父雖未獲一吉人。去一凶矣。於舜之功。二十之一也。庶幾免於戾乎。史克激稱。以辨宣公之惑。釋行父之志。故其言美惡有過辭。蓋事宜也。宋武氏之族道昭公子。將奉司城須以作亂。文公弒昭公。故武族欲因其子以作亂。司城須。文公弟。○道音導。十二月。宋公殺母弟須及昭公子。使戴、莊、桓之族攻武氏於司馬子伯之館戴族華樂也。莊族公孫師也。桓族向魚鱗蕩也。司馬子伯華耦也。向舒亮反。遂出武穆之族穆族黨於武氏故使公孫師爲司城公孫師莊公之孫公子朝卒。使樂呂爲司寇。以靖國人樂呂戴公之曾孫爲宣三年宋師圍曹傳

春秋經傳集解文公下第九

相臺岳氏刻梓荊谿家塾

舉人臣王錫奎敬書

春秋卷九考證

十一年傳至於錫穴音義錫音羊或星歷反○案漢書地理志漢中郡錫縣應劭曰錫音陽顏師古曰即春秋錫穴是錫錫二字古已訛用故陸氏兩釋之

十二年傳主人三辭賓荅曰○案上云寡人敢辭玉賓以不足辭對至是復三辭故賓復荅之 殿本閣本荅作客訛

十三年傳中行桓子音義行戶郎反○ 殿本閣本作司郎反非

十四年傳三年而盡室以復適莒○三年 殿本閣本

作二年杜林合註本永懷堂本與此同

十五年傳冬十一月晉侯宋公衞侯蔡侯陳侯鄭伯許男曹伯盟於扈○案盟扈凡八國諸本皆同　殿本閣本無陳侯兩字係脫簡

與而不書後也註今貶諸侯似爲公諱○諸侯凡議事聚會而公不與則爲惡經恒諱而不書今此會雖不與實非公惡而有似乎爲公諱者故傳發例以明其非他本似作以於義未協

十六年傳楚子乘馹○馹　殿本閣本及正嘉本俱作驛案孟子置郵傳命古註云置驛也郵馹也楊愼云

置緩郵速驛遲馹疾則馹驛二字其義顯别此言庯
人率蠻寇楚楚子會師伐之其謀迅捷理當用疾速
之馹不當用遲緩之驛今諸本作驛者蓋緣永樂中
制春秋大全盡改左傳馹字爲驛後人幷以馹爲驛
之省文遂致二字牽用耳

公子鮑美而艷襄夫人欲通之而不可乃助之施○他
本作夫人助之施案乃字正襄夫人欲通不可之轉
計也扵文義不當重用夫人字

夫人王姬註襄夫人周襄王姊○案八年傳宋襄夫人
襄王之姊也註蓋據此諸本作襄王妹非

春秋經傳集解宣公上第十

宣公倭。名接。又作委。文公子。母敬嬴。謚法。善問周達曰宣

盡十一年

經元年春王正月。公即位。無傳 公子遂如齊逆不譏喪娶者。不待貶責而自明也。卿為君逆例在文四年 三月遂以夫人婦姜至自齊稱婦。有姑之辭。不書氏。史闕文。夏季孫行父如齊。晉放其大夫胥甲父于衛放者。受罪黜免。宥之以遠。公會齊侯于平州平州。齊地。在泰山牟縣西。公子遂如齊。

乾隆四十八年 春秋一

六月。齊人取濟西田。魯以賂齊。齊人不用師徒。故曰取。秋。邾子來朝。無傳楚子。鄭人。侵陳。遂侵宋。晉趙盾帥師救陳。傳言救陳宋。經無宋字。蓋闕。盾徒本反宋公。陳侯。衛侯。曹伯。會晉師于棐林。伐鄭。晉師救陳宋。四國君往會之。共伐鄭也。不言會趙盾。取於兵會。非好會也。棐林。鄭地。滎陽宛陵縣東南有林鄉。棐芳尾反冬。晉趙穿帥師侵崇。晉人。宋人。伐鄭

傳元年。春。王正月。公子遂如齊逆女。尊君命也。諸侯之卿。出入稱名氏。所以尊君命也。傳於此發者。與還文不同。故釋之三月。

遂以夫人婦姜至自齊。尊夫人也。遂不言公子。替其尊稱。所以成小君之尊也。公子。當時之寵號。非族也。故傳不言。舍族。釋例論之備矣

夏。季文子如齊。納賂以請會。宣公簒立。未列於會。故以賂請之

晉人討不用命者。故胥甲父于衛。胥甲。下軍佐。文十二年戰河曲。不肯薄秦於險。而立胥克。克。甲之子。先辛奔齊。辛。甲之屬大夫

會于平州。以定公位。簒立者。諸侯既與之會。則不得復討。臣子殺之。與弒君同。故公與齊會而位定

東門襄仲如齊拜成。謝得會也

六月。齊人取濟西之田。為立公故。以賂齊也

濟西。故曹地。僖三十一年。晉文以分魯宋人之弒昭公也在文十六年晉荀林父以諸侯之師伐宋。宋及晉平。宋文公受盟于晉。又會諸侯于扈。將爲魯討齊。皆取賂而還文十五年十七年。二扈之盟皆受賂鄭穆公曰。晉不足與也。遂受盟于楚。陳共公之卒。楚人不禮焉卒在文十三年陳靈公受盟于晉。秋。楚子侵陳。遂侵宋。晉趙盾帥師救陳。宋。會于棐林。以伐鄭也。楚蔿賈救鄭。遇于北林與晉師相遇。滎陽中牟縣西南有林亭。在鄭北因晉解揚。晉人乃還。解揚晉大夫晉欲求成於秦。趙穿曰。我侵崇。秦急崇。必救之。崇。秦之與國吾以求成焉。冬。趙穿侵崇。秦弗與成。晉人伐鄭。以報北林之役。報因解揚於是晉侯侈。趙宣子爲政。驟諫而不入。故不競於楚。競。強也。爲明年鄭伐宋張本

經。二年。春。王二月。壬子。宋華元帥師及鄭公子歸生帥師戰于大棘。宋師敗績。獲宋華元

得大夫生死皆曰獲。例在昭二十三年。大棘在陳留襄邑縣南秦師伐晉。夏。晉人。宋人。衛人。陳人侵鄭。鄭爲楚伐宋。獲其大夫。晉趙盾興諸侯之師。將爲宋報恥。畏楚而還。失霸者之義。故貶稱人秋。九月乙丑。晉趙盾弑其君夷皐靈公不君。而稱臣以弑者。以示良史之法。深責執政之臣。例在四年。○皐。古刀反冬。十月乙亥。天王崩。無傳

傳。二年。春。鄭公子歸生受命于楚伐宋。受楚命也宋華元。樂呂御之。二月壬子。戰于大棘。宋師敗績。囚華元。獲樂呂。樂呂。司寇。獲不書。非元帥也。獲。生死通名。經言

獲華元。故傳特護之曰囚。以明其生獲。故得見贖而還及甲車四百六十乘。俘二百五十人。馘百人。狂狡輅鄭人。鄭人入于井狂狡宋大夫。輅迎也。○馘古獲反輅五嫁反倒戟而出之。獲狂狡。君子曰。失禮違命。宜其爲禽也。戎昭果毅以聽之之謂禮聽謂常存於耳著於心。想聞其政令。○倒丁老反毅魚既反著直略反殺敵爲果。致果爲毅。易之。戮也易。反易將戰。華元殺羊食士。其御羊斟不與。及戰。曰。疇昔之羊子爲政疇昔猶前日也。○食音嗣斟之金反與音預今日之事我爲政與入鄭師故敗君子謂羊斟非人也以其私憾敗國殄民憾恨也殄盡也〇敗必邁反又如字於是刑孰大焉詩所謂人之無良者詩小雅義取不良之人相怨以亡其羊斟之謂乎殘民以逞宋人以兵車百乘文馬百駟四畫馬爲文四百匹〇逞勑領反以贖華元于鄭半入華元逃歸立于門外告而入告宋城門而後入言不苟見叔牂曰子之馬然也叔牂羊斟也卑賤得先歸華元見而慰之〇牂子郎反對曰非馬也其

人也叔牂知前言以顯。故不敢讓罪既合而來奔叔牂言畢。遂奔魯。合猶荅也宋城華元爲植。巡功植。將主也。○植直吏反。將子匠反城者謳曰。睅其目。皤其腹。弃甲而復睅。出目。皤。大腹。弃甲。謂亡師。○睅戶板反。大目也。皤音婆于思于思。弃甲復來于思。多鬢之貌。○思如字。又西才反。來力知反。又如字。復扶又反使其驂乘謂之曰。牛則有皮。犀兕尚多。弃甲則那那猶何也。○犀音西。兕徐履反。那乃多反役人曰。從其有皮。丹漆若何。華元曰。去之。夫其口衆我寡。傳言華元不咨其咎。寬而容衆秦

乾隆四十八年

師伐晉以報崇也。伐崇在元年遂圍焦。焦。晉河外邑夏。晉趙盾救焦。遂自陰地。及諸侯之師侵鄭。陰地。晉河南山北。自上洛以東至陸渾。(渾)戶昏反以報大棘之役。楚鬭椒救鄭。曰。能欲諸侯。而惡其難乎。遂次于鄭。以待晉師。趙盾曰。彼宗競于楚。殆將斃矣。競強也。鬭椒若敖之族。自子文以來。世爲令尹。(惡)(難)皆去聲姑益其疾。乃去之。欲示弱以驕之。傳言趙盾所以稱人。且爲四年楚滅若敖氏張本晉靈公不君。失君道也。以明於例應稱國以弒厚斂以彫牆。彫。畫也從臺上彈人而觀其辟丸也宰夫胹熊蹯不孰。殺之寘諸畚使婦人載以過朝畚以草索爲之筥屬○彈徒丹反胹音而煑也蹯扶元反畚音本趙盾士季見其手問其故而患之將諫士季曰諫而不入則莫之繼也會請先不入則子繼之三進及溜而後視之士季隨會也三進三伏公不省而又前也公知欲諫故佯不視○溜力救反屋霤也曰吾知所過矣將改之稽首而對曰人誰無過過而能改善莫大焉詩曰靡不有初鮮克

有終詩大雅也。鮮息淺反。少也夫如是則能補過者鮮
矣君能有終則社稷之固也豈唯羣臣賴之
又曰袞職有闕惟仲山甫補之能補過也詩大
雅也。袞。君之上服。闕。過也。言服袞者有過則仲山甫能補之君能補過袞
不廢矣常服袞也猶不改宣子驟諫公患之使鉏
麑賊之鉏麑晉力士。鉏仕俱反麑音迷。一五兮反晨往寢門闢
矣盛服將朝尚早坐而假寐不解衣冠而睡。闢婢亦反盛音成
麑退歎而言曰不忘恭敬民之主也賊民

之主不忠弃君之命不信有一於此不如死也觸槐而死槐趙盾庭樹○槐音懷又音回秋九月晉侯飲趙盾酒伏甲將攻之其右提彌明知之右車右○飲於鴆反提上支反彌面支反趨登曰臣侍君宴過三爵非禮也遂扶以下公嗾夫獒焉明搏而殺之獒猛犬也○嗾素口反說文云使犬也夫音扶獒五羔反搏音博盾曰弃人用犬雖猛何爲責公不養士而更以犬爲己用鬭且出提彌明死之初宣子田於首山舍于翳桑田獵也翳桑桑之多

蔭翳者。首山在河東蒲坂縣東南。○翳於計反見靈輒餓問其病靈輒。晉人曰不食三日矣食之舍其半問之曰宦三年矣宦學也。○食之音嗣下同舍音捨未知母之存否今近焉去家近請以遺之使盡之而為之簞食與肉簞笥也。○遺唯季反笥思嗣反寘諸橐以與之既而與為公介靈輒為公甲士。○橐他洛反。而與音預倒戟以禦公徒而免之問何故對曰翳桑之餓人也問其名居問所居不告而退不望報也遂自亡也輒亦去乙丑趙穿攻靈公於桃園穿趙盾之從父昆弟子乙丑九月二十七日宣子未出山而復晉竟之山也盾出奔聞公弒而還大史書曰趙盾弒其君以示於朝宣子曰不然對曰子爲正卿亡不越竟反不討賊非子而誰宣子曰烏呼我之懷矣自詒伊慼其我之謂矣逸詩也言人多所懷戀則自遺憂孔子曰董狐古之良史也書法不隱不隱盾之罪趙宣子古之良大夫也爲法受惡善其爲法受屈○爲于僞反惜也越竟乃免越竟則君臣之義絕

乾隆四十八年

可以不討賊宣子使趙穿逆公子黑臀于周而立之黑臀晉文公子○臀徒門反壬申朝于武宮壬申十月五日既有日而無月冬又在壬申下明傳文無較例○較音角初麗姬之亂詛無畜羣公子詛盟誓○麗力知反自是晉無公族無公子故廢公族之官及成公即位乃宦卿之適而爲之田以爲公族宦仕也爲置田邑以爲公族大夫○適丁歷反爲置于僞反又宦其餘子亦爲餘子餘子適子之母弟也亦治餘子之政其庶子爲公行庶子妾子也掌率公戎行○行戶郎反晉於是有公族

餘子。公行。（皆官名）趙盾請以括爲公族（括。趙盾異母弟。趙姬之中子屏季也。○中，如字。又丁仲反。屏，步丁反）曰。君姬氏之愛子也（趙姬。文公女。成公姊也）微君姬氏。則臣狄人也。公許之（盾。狄外孫也。姬氏逆之以爲適。事見僖二十四年）冬。趙盾爲旄車之族（旄車。公行之官。盾本卿適。其子當爲公族。辟屏季。故更掌旄車）使屏季以其故族爲公族大夫（盾以其故官屬與屏季。使爲衰之適。○衰，初危反）

經。三年。春。王正月。郊牛之口傷。改卜牛。牛死。

乃不郊牛不稱牲。未卜日猶三望葬匡王無傳。四月而葬。速

楚子伐陸渾之戎。夏。楚人侵鄭。秋。赤狄侵齊

無傳宋師圍曹。冬。十月。丙戌。鄭伯蘭卒再與文同盟

葬鄭穆公無傳

傳。三年。春。不郊而望。皆非禮也言牛雖傷死。當更改卜。取其吉者。郊不可廢也。前年冬。天王崩。未葬而郊者。不以王事廢天事。禮記。曾子問。天子崩未殯。五祀不行。既殯而祭。自啓至于反哭。五祀之祭不行。已葬而祭望郊之屬也。不郊。亦無望。可也已有例在僖三十一年。復發傳者。嫌牛死與卜

不從異

晉侯伐鄭。及郔。鄭及晉平。士會入盟郔鄭地。爲夏楚侵鄭傳。○郔音延楚子伐陸渾之戎。遂至于雒。觀兵于周疆雒水出上雒冢領山。至河南鞏縣入河定王使王孫滿勞楚子王孫滿。周大夫○勞力報反楚子問鼎之大小輕重焉示欲偪周取天下對曰。在德不在鼎。昔夏之方有德也禹之世遠方圖物圖畫山川奇異之物而獻之貢金九牧使九州之牧貢金鑄鼎象物象所圖物。著之於鼎。○鑄之樹反著張慮反百物而爲之備。使民知神姦圖鬼神百物之形。使民逆備之。故民入川澤山林。不逢不若。若。順也。螭魅罔兩。螭。山神。獸形。魅。怪物。罔兩。水神。○螭勑知反　魅亡備反　莫能逢之。逢。遇也。用能協于上下。以承天休。民無災害。則上下和而受天祐。桀有昏德。鼎遷于商。載祀六百。載。祀。皆年。商曰祀。唐虞曰載。商紂暴虐。鼎遷于周。德之休明。雖小。重也。不可遷。其姦回昏亂。雖大。輕也。言可移。天祚明德。有所厎止。厎。致也。成王定鼎于郟鄏。郟鄏。今河南也。武王遷之。成王定之。○郟古洽反　鄏音辱　卜世三十。卜年七百。天所命也。周德雖衰。天命未改。鼎之輕重。未可問也。夏。楚人侵鄭。鄭即晉故也。宋文公即位三年。殺母弟須及昭公子。武氏之謀也。武氏謀奉母弟須及昭公子以作亂事在文十八年使戴桓之族攻武氏於司馬子伯之館。盡逐武穆之族。武穆之族以曹師伐宋。秋。宋師圍曹。報武氏之亂也。冬。鄭穆公卒。初。鄭文公有賤妾曰燕姞。姞南燕姓。○姞其乙反夢天使與己蘭。蘭。香草曰余為伯鯈。

余而祖也。伯儵。南燕祖。儵直留反。以是爲而子。以蘭爲女子名。○女音汝。以蘭有國香。人服媚之如是。媚。愛也。欲令人愛之如蘭。既而文公見之。與之蘭而御之。辭曰。妾不才。幸而有子。將不信。敢徵蘭乎。懼將不見信。故欲計所賜蘭爲懷子月數。公曰。諾。生穆公。名之曰蘭。文公報鄭子之妃曰陳嬀。鄭子。文公叔父子儀也。漢律。淫季父之妻曰報。○嬀九危反。生子華。子臧。子臧得罪而出。出。奔宋。誘子華而殺之南里。在僖十六年。南里。鄭地。使盜殺子臧於陳宋之間（在僖二十四年）又娶于江。生公子士。朝于楚。楚人酖之。及葉而死（葉。楚地。今南陽葉縣○酖直蔭反葉式涉反）又娶于蘇。生子瑕。子俞彌。俞彌早卒。洩駕惡瑕。文公亦惡之。故不立也（洩駕。鄭大夫）公逐羣公子。公子蘭奔晉。從晉文公伐鄭。（在僖三十年○從才用反又如字）石癸曰。吾聞姬姞耦。其子孫必蕃（姞姓宜爲姬配耦）姞。吉人也。后稷之元妃也（姞姓之女。爲后稷妃。周是以興。故曰吉人）今公子蘭。姞甥也。天或啓之。必將爲君其後必蕃先納之可以亢寵亢極也○(亢)苦浪反與孔將鉏侯宣多納之盟于大宮而立之大宮鄭祖廟○(大)音泰以與晉平穆公有疾曰蘭死吾其死乎吾所以生也刈蘭而卒傳言穆氏所以大興於鄭天所啓也

經四年春王正月公及齊侯平莒及郯莒人不肯公伐莒取向莒郯二國相怨故公與齊侯共平之向莒邑東海承縣東南有向城遠疑也○(向)舒亮反(承)之甑反一作烝秦伯稻卒無傳未同盟夏六月乙酉鄭公子歸生弒其君夷傳例曰稱

臣。臣之罪也。子公實弒。而書子家。罪其權不足也赤狄侵齊無傳秋公如齊無傳公至自齊無傳。告于廟例在桓二年冬。楚子伐鄭。

傳四年。春。公及齊侯平莒及郯。莒人不肯。公伐莒取向。非禮也。平國以禮不以亂。伐而不治。亂也。責公不先以禮治之。而用伐以亂平亂。何治之有。無治何以行禮。楚人獻黿於鄭靈公。穆公大子夷也○黿音元公子宋與子家將見。宋。子公也。子家。歸生。○見賢遍反子公之食指動第二指也以示子家曰。他日我如此必嘗異味。及入。宰夫將解黿。相視而笑。公問之。問所笑。○解如字子家以告。及食大夫黿。召子公而弗與也。欲使指動無效。○食音嗣子公怒。染指於鼎。嘗之而出。公怒。欲殺子公。子公與子家謀先。先公爲難。○染如琰反。先公。悉薦反子家曰。畜老猶憚殺之。六畜。○畜許又反。又許六反而況君乎。反譖子家。子家懼而從之。譖子家於公夏。弑靈公。書曰。鄭公子歸生弑其君夷。權不足也。子家權不足以禦亂。懼譖而從弑君。故書以首惡君子曰。仁而不武。無能達也。初稱畜老。仁也。不討子公。是不武也。故不能自通於仁道。而陷弒君之罪。凡弒君稱君。君無道也。稱臣。臣之罪也。稱君。謂唯書君名。而稱國以弒。言衆所共絕也。稱臣者。謂書弒者之名。以示來世。終爲不義。改殺稱弒。辟其惡名。取有漸也。書弒之義。釋例論之備矣。鄭人立子良。穆公庶子。辭曰。以賢則去疾不足。去疾。子良名。○去上聲。下皆同。以順則公子堅長。乃立襄公。襄公。堅也。襄公將去穆氏。逐羣兄弟。而舍子良。以其讓已。○舍音赦。下同。子良不可。曰。穆氏宜存。則固願也。若將亡之則亦皆亡去疾何爲何爲獨留乃舍之皆爲大夫初楚司馬子良生子越椒子文曰必殺之子文子良之兄是子也熊虎之狀而豺狼之聲弗殺必滅若敖氏矣諺曰狼子野心是乃狼也其可畜乎子良不可子文以爲大慼及將死聚其族曰椒也知政乃速行矣無及於難且泣曰鬼猶求食若敖氏之鬼不其餒而而語助言必餒（難）乃旦反及令尹子文卒鬭般爲令尹般子文之

子子揚。○般音班子越爲司馬。蔿賈爲工正。譖子揚而殺之。子越爲令尹。己爲司馬。賈爲椒譖子揚。而已得椒處。○蔿于委反子越又惡之。惡賈。○惡烏路反乃以若敖氏之族圄伯嬴於轑陽而殺之。圄。囚也。伯嬴。蔿賈也。轑陽。楚邑。○圄魚呂反。轑音遼遂處烝野。將攻王。王以三王之子爲質焉。弗受。烝野。楚邑。三王。文。成。穆。○質音致師于漳澨。漳澨。漳水邊。○漳音章。澨市制反秋七月戊戌。楚子與若敖氏戰于皐滸。皐滸。楚地。○滸呼五反伯棼射王。汏輈及鼓跗著於丁寧伯棼越椒也。輈，車轅。汰，過也。箭過車轅上。丁寧，鉦也。○棼扶云反。射食亦反。汏他末反。輈陟留反。跗芳扶反。著直略反。鉦音征。又射汏輈以貫笠轂。兵車無蓋。尊者則邊人執笠。依轂而立。以禦寒暑。名曰笠轂。此言箭過車轅。及王之蓋。○轂古木反。師懼退。王使巡師曰：吾先君文王克息，獲三矢焉。伯棼竊其二，盡於是矣。鼓而進之，遂滅若敖氏。初，若敖娶於䢵，䢵，國名。○䢵音云。生鬭伯比。若敖卒，從其母畜於䢵，畜，養也。○畜許六反。淫於䢵子之女，生子文焉。䢵夫人使弃諸夢中夢。澤名，江夏安陸縣城東南有雲夢城。○夢音蒙。又亡貢反虎乳之䢵子田見之，懼而歸。夫人以告告女私通所生。○乳如主反，遂使收之。楚人謂乳穀，謂虎於菟，故命之曰鬬穀於菟。以其女妻伯比，伯比所淫者。○穀奴口反，於音烏，菟音徒。妻七計反實爲令尹子文。鬬氏始自子文爲令尹其孫箴尹克黃箴尹，官名。克黃，子揚之子。○箴之金反使於齊，還及宋，聞亂。其人曰：「不可以入矣。」箴尹曰：「弃君之命，獨誰受之？君，天也，天可逃乎？」遂歸，復命而自拘於司敗。王思子文之治楚國也。曰子文無後。何以勸善。使復其所。改命曰生。易其名也冬。楚子伐鄭。鄭未服也。前年楚侵鄭。不獲成。故曰未服

經。五年春。公如齊。夏。公至自齊。秋。九月。齊高固來逆叔姬。高固。齊大夫。不書女歸。降於諸侯叔孫得臣卒。無傳。不書日。公不與小斂。○與音預冬。齊高固及子叔姬來。叔姬寧。固反馬楚人伐鄭

傳。五年春。公如齊。高固使齊侯止公。請叔姬

焉。留公强成昏。○强其丈反 夏。公至自齊。書過也。公既見止。連昏於鄰國之臣。厭尊毀列。累其先君。而於廟行飲至之禮。故書以示過。○厭於涉反。累劣僞反 秋。九月。齊高固來逆女。自爲也。故書曰逆叔姬。卿自逆也。適諸侯稱女。適大夫稱字。所以別尊卑也。此春秋新例。故稱書曰。而不言凡也。不於莊二十七年發例者。嫌見逼而成昏。因明之。○爲于僞反。別彼列反 冬。來反馬也。禮。送女留其送馬。謙不敢自安。三月廟見。遣使反馬。高固遂與叔姬俱寧。故經傳具見以示譏 楚子伐鄭。陳及楚平。晉荀林父救鄭伐陳爲明年晉衛侵陳傳

經六年春晉趙盾衛孫免侵陳夏四月秋八月螽無傳冬十月

傳六年春晉衛侵陳陳即楚故也夏定王使子服求后于齊子服周大夫 秋赤狄伐晉圍懷及邢丘邢丘今河內平皋縣晉侯欲伐之中行桓子曰使疾其民驕則數戰為民所疾以盈其貫將可殪也殪盡也貫猶習也○貫古患反殪於計反 周書曰殪戎殷周書康誥也義取周武王以兵伐殷盡滅之 此類之謂也為十五年晉滅狄傳 冬召桓公

逆王后于齊召桓公。王卿士。事不關魯。故不書。爲成二年王甥舅張本。○召上照反楚人伐鄭。取成而還。九年十一年傳所稱厲之役。蓋在此

鄭公子曼滿與王子伯廖語。欲爲卿二子。鄭大夫。○曼音萬。廖力彫反伯廖告人曰。無德而貪。其在周易

豐䷶離下震上。豐之離䷝豐上六變而爲純離也。周易論變。故雖不筮。必以變言其義。豐上六曰。豐其屋。蔀其家。闚其戶。闃其無人。三歲不覿凶。義取無德而大其屋。不過三歲必滅亡。○蔀步口反。闚苦規反。闃苦鵙反弗過之矣不過三年閒一歲。鄭人殺之

經七年。春。衛侯使孫良夫來盟。夏。公會齊侯伐萊。傳例曰。不與謀也。萊國。今東萊黃縣。秋。公至自伐萊。無傳。大旱。無傳。書旱而不書雩。雩無功。或不雩。冬。公會晉侯宋公衛侯鄭伯曹伯于黑壤。

傳七年。春。衛孫桓子來盟。始通。且謀會晉也。公即位。衛始脩好。夏。公會齊侯伐萊。不與謀也。凡師出與謀曰及。不與謀曰會。與謀者。謂同志之國。相與講議利害。計成而行之。故以相連及爲文。若不獲已。應命而出。則以外合爲文。皆據魯而言。師者國之大事。將亡之所由。故詳其舉動。以例別之。○與，音預，下同赤狄侵晉。取向陰之禾北無秋字。蓋闕文。晉用桓子謀。故縱狄。○向，舒亮反鄭及晉平。公子宋之謀也。故相鄭伯以會。冬，盟于黑壤。王叔桓公臨之。以謀不睦。王叔桓公，周卿士，銜天子之命以監臨諸侯。不同歃者。尊卑之別也。晉侯之立也。在二年公不朝焉。又不使大夫聘。晉人止公于會。盟于黃父。公不與盟。以賂免。黃父，即黑壤故黑壤之盟不書。諱之也。慢盟主以取執止之辱。故諱之經八年。春。公至自會。無傳。義與五年書過同。夏。六月。公子遂如齊。至黃乃復。無傳。蓋有疾而還。大夫受命而出。雖死。以尸將事。遂以疾還。非禮也。辛巳。有事于大廟。仲遂卒于垂。有事。祭也。仲遂卒與祭同日。略書有事。爲繹張本。不言公子。因上行還。間無異事。省文。從可知也。稱字。時君所嘉。無義例。垂。齊地。非魯竟。故書地。壬午。猶繹。萬入去籥。繹。又祭。陳昨日之禮。所以賓尸。萬。舞名。籥。管也。猶者。可止之辭。魯人知卿佐之喪。不宜作樂。而不知廢繹。故內舞去籥。惡其聲聞。〔去〕起呂反戊子。夫人嬴氏薨。無傳。宣公母也。晉師。白狄伐秦。楚人滅舒蓼。秋。七月甲子日有食之既無傳月三十日食冬十月己丑葬我小君敬嬴敬謚嬴姓也反哭成喪故稱葬小君雨不克葬庚寅日中而克葬克成也城平陽今泰山有平陽縣楚師伐陳

傳八年春白狄及晉平夏會晉伐秦經在仲遂卒下從赴晉人獲秦諜殺諸絳市六日而蘇書記異也有事于大廟襄仲卒而繹非禮也楚爲衆舒叛故伐舒蓼滅之舒蓼二國名○爲于僞反楚子疆之正其界也

乾隆四十八年 春秋 二

及滑汭滑。水名也。(滑)于八反○盟吴越而還吴國。今吴郡。越國。今會稽山陰縣也。傳言楚彊。吴越服從。(會)古外反○晉胥克有蠱疾以惑喪志。(蠱)音古○郤缺爲政代趙盾○秋。廢胥克。使趙朔佐下軍朔。盾之子。代胥克。爲成十七年胥童怨郤氏張本○冬。葬敬嬴。旱。無麻。始用葛茀記禮變之所由。茀所以引柩。殯則有之以備火。葬則以下柩。(茀)方勿反。引棺索也○雨不克葬。禮也。禮。卜葬先遠日。辟不懷也懷。思也○城平陽。書時也。陳及晉平。楚師伐陳。取成而還言晉楚爭彊經九年。春。王正月。公如齊。無傳公至自齊。無傳夏。仲孫蔑如京師。齊侯伐萊。無傳秋。取根牟。根牟。東夷國也。今琅邪陽都縣東有牟鄉八月。滕子卒。未同盟九月。晉侯宋公衛侯鄭伯曹伯會于扈。晉荀林父帥師伐陳。辛酉。晉侯黑臀卒于扈。卒於竟外。故書地。四與文同盟。九月無辛酉。日誤冬。十月。癸酉。衛侯鄭卒。無傳。三與文同盟宋人圍滕。楚子伐鄭。晉郤缺帥師救鄭。陳殺其大夫洩冶。洩冶直諫於淫亂之朝。以取死。故不爲春秋所貴而書名。○洩

息列反（治）音也

傳九年春王使來徵聘徵召也言周徵也徵聘不書徵加諷諭不指斥夏孟獻子聘於周王以爲有禮厚賄之秋取根牟言易也（易）以豉反滕昭公卒爲宋圍滕傳會于扈討不睦也謀齊陳陳侯不會前年與楚成故晉荀林父以諸侯之師伐陳不書諸侯師林父帥之無將帥晉侯卒于扈乃還冬宋人圍滕因其喪也陳靈公與孔寧儀行父通於夏姬皆衷其衵服以戲

于朝二子陳卿。夏姬，鄭穆公女，陳大夫御叔妻。衷，懷也。衵服，近身衣。○夏，戶雅反。衷音忠，又丁仲反。衵，女乙反，一汝栗反。御如字，一魚呂反。洩冶諫曰：「公卿宣淫，民無效焉，宣，示也。且聞不令，君其納之。」納，藏也。衵服。公曰：「吾能改矣。」公告二子，二子請殺之，公弗禁，遂殺洩冶。孔子曰：「詩云：『民之多辟，無自立辟。』其洩冶之謂乎。」辟，邪也。辟，法也。詩大雅。言邪辟之世不可立法。國無道，危行言孫。○多辟，匹亦反。立辟，婢亦反。楚子爲厲之役故伐鄭。六年，楚伐鄭，取成於厲。既成，鄭伯逃歸。事見十一年。○爲，去聲。晉郤缺救鄭。鄭伯敗楚師于柳棼。柳棼，鄭地。棼，扶云反。○國人皆喜，唯子良憂曰：是國之災也，吾死無日矣。自是晉楚交兵伐鄭十二年，卒有楚子入鄭之禍。

經。十年，春，公如齊。公至自齊。無傳。齊人歸我濟西田。元年以賂齊也。不言來，公如齊因受之。夏，四月，丙辰，日有食之。無傳。不書朔，官失之。己巳，齊侯元卒。未同盟而赴以名。齊崔氏出奔衛。齊略見舉族出，因其告辭，以見無罪。公如齊。五月，公至自齊。無傳。癸巳，陳夏徵舒弒其君平國。徵舒。

陳大夫也。靈公惡不加民，故稱臣以弑。六月，宋師伐滕。公孫歸父如齊，葬齊惠公。無傳。歸父，襄仲之子。晉人、宋人、衛人、曹人伐鄭。鄭及楚平故。秋，天王使王季子來聘。王季子者，公羊以爲天王之母弟。然則字季子。天子大夫稱字。公孫歸父帥師伐邾，取繹。繹，邾邑。魯國鄒縣北有繹山。大水。無傳。季孫行父如齊。冬，公孫歸父如齊。齊侯使國佐來聘。既葬成君，故稱君命使也。饑。無傳。有水災，嘉穀不成。楚子伐鄭。

傳十年春，公如齊。齊侯以我服故，歸濟西之田公比年朝齊故。夏，齊惠公卒。崔杼有寵於惠公，高、國畏其偪也，高國，二家，齊正卿。○杼音佇。偪音逼。公卒而逐之，奔衛。書曰崔氏，非其罪也，且告以族，不以名。典策之法，告者皆當書以名，今齊特以族告，夫子因而存之，以示無罪。又言且告以族不以名者，明春秋有因而用之，不皆改舊史。凡諸侯之大夫違，違，奔放也。告於諸侯曰：某氏之守臣某上某氏者姓，下某名。○守音狩。失守宗廟，敢告。所有玉帛之使者則告，玉帛之使，謂聘。不然則否。恩好不接，故亦不告。公如齊奔喪。公親奔喪，非禮。

也。公出。朝會。奔喪。會葬。皆書如。不言其事。史之常也陳靈公與孔寧儀行父。飲酒於夏氏。公謂行父曰。徵舒似女。對曰。亦似君。徵舒病之靈公即位。於今十五年。徵舒已爲卿。年大。無嫌是公子。蓋以夏姬淫放。故謂其子多似以爲戲。○女音汝公出自其廄射而殺之。二子奔楚。○射音石滕人恃晉而不事宋。六月。宋師伐滕。鄭及楚平。前年敗楚師。恐楚深怨。故與之平諸侯之師伐鄭。取成而還。秋。劉康公來報聘報孟獻子之聘。即王季子也。其後食采於劉師伐邾。取繹。爲子家如齊傳季文子初聘于齊齊侯初即位冬。子家如齊。伐邾故也魯侵小。恐爲齊所討。故往謝國武子來報聘報文子也楚子伐鄭。晉士會救鄭。逐楚師于潁北潁水出河南陽城。至下蔡入淮諸侯之師戍鄭。鄭子家卒。鄭人討幽公之亂。斲子家之棺而逐其族以四年弒君故也。斲薄其棺。不使從卿禮。○斲竹角反改葬幽公。謚之曰靈

經。十有一年。春。王正月。夏。楚子陳侯鄭伯盟于辰陵楚復伐鄭。故受盟也。辰陵。陳地。潁川長平縣東南有辰亭公孫歸

父會齊人伐莒無傳秋晉侯會狄于欑函晉侯往會之故以狄爲會主欑函狄地欑才端反函音咸冬十月楚人殺陳夏徵舒不言楚子而稱人討賊辭也丁亥楚子入陳楚子先殺徵舒而欲縣陳後得申叔時諫乃復封陳不有其地故書入在殺徵舒之後納公孫寧儀行父于陳二子淫昏亂人也君弑之後能外託楚以求報君之讎內結强援於國故楚莊得平步而討陳除弑君之賊於時陳成公播蕩於晉定亡君之嗣靈公成喪賊討國復功足以補過故君子善楚復之

傳十一年春楚子伐鄭及櫟子良曰晉楚不

務德而兵爭。與其來者可也。晉楚無信。我焉
得有信。乃從楚。夏。楚盟于辰陵。陳鄭服也。傳言
楚與晉狎主盟。櫟音歷楚左尹子重侵宋子重。公子嬰齊。莊王弟
王待諸郔郔。楚地。郔音延。令尹蔿艾獵城沂艾獵。孫叔
敖也。沂。楚邑。蔿羽委反使封人慮事封人。其時主築城者。慮事。無慮計功
。慮如字。一力於反。廣雅云。無慮。都凡也以授司徒司徒掌役量功命
日命作日數分財用財用。築作具平板榦榦。楨也稱畚築
量輕重。畚。盛土器。畚音本程土物爲作程限議遠邇均勞逸略

基趾。趾，城足。略，行也。○行，去聲。具餱糧。餱，乾食也。度有司。謀監主。○度，待各反。事三旬而成。十日爲旬。不愆于素。不過素所慮之期也。傳言叔敖之能使民。晉郤成子求成于衆狄。衆狄疾赤狄之役，遂服于晉。赤狄潞氏最強，故服役衆狄。秋，會于欑函，衆狄服也。是行也，諸大夫欲召狄。郤成子曰：吾聞之，非德莫如勤，非勤何以求人？能勤有繼。其從之也。勤則功繼之。詩曰：文王既勤止。詩頌。文王勤以創業。文王猶勤，況寡德乎？冬，楚子爲陳夏氏亂故伐陳（十年夏徵舒弒君）謂陳人無動將討於少西氏（少西徵舒之祖子夏之名）遂入陳殺夏徵舒轘諸栗門（轘車裂也栗門陳城門○轘音患）因縣陳（滅陳以爲楚縣）陳侯在晉（靈公子成公午）申叔時使於齊反復命而退王使讓之曰夏徵舒爲不道弒其君寡人以諸侯討而戮之諸侯縣公皆慶寡人（楚縣大夫皆僭稱公）女獨不慶寡人何故對曰猶可辭乎王曰可哉曰夏徵舒弒其君其罪大矣討而戮之君

之義也。抑人亦有言曰。牽牛以蹊人之田抑。辭也。蹊。徑也○蹊音兮而奪之牛。牽牛以蹊者。信有罪矣。而奪之牛。罰已重矣。諸侯之從也。曰討有罪也。今縣陳。貪其富也。以討召諸侯。而以貪歸之。無乃不可乎。王曰。善哉。吾未之聞也。反之可乎。對曰。可哉。吾儕小人所謂取諸其懷而與之也叔時謙言。小人意淺。謂譬如取人物於懷而還之。爲愈於不還。○儕仕皆反乃復封陳。鄉取一人焉以歸。謂之夏州。州。鄉。

屬。示討夏氏所獲也。○復扶又反 故書曰楚子入陳納公孫寧儀行父于陳書有禮也沒其縣陳本意全以討亂存國爲文。善其得禮 厲之役鄭伯逃歸蓋在六年 自是楚未得志焉鄭既受盟于辰陵又徼事于晉爲明年楚圍鄭傳十年○[illegible]無其事。辰陵盟後鄭徼事晉。又[illegible]特發。以明經也。自厲之役鄭南[illegible]不得志。九年楚子伐鄭。不以黑壤[illegible]之役者志恨在厲役。此皆傳上[illegible]之義也[illegible]反

春秋經傳集解宣公上第十

宣十一年

舉人臣孫衡敬書

春秋卷十考證

宣公二年傳寘諸畚註以草索爲之筥屬。案三禮圖筥圓受五升筥字从竹不从艸今改正

翳桑之餓人也。餓人　殿本嘉萬本作餓人案餓與饑雖無別但此承上文見靈輒餓句來則自應作餓字

乃宦卿之適而爲之田。適字下　殿本閣本有子字

四年公如齊註無傳。無傳二字　殿本閣本闕永懷堂本林氏直解本與此同

傳楚人謂乳穀音義穀奴口反。　殿本閣本作如口

反乃揉字音奴之譌也

九年傳會于蜃討不睦也註謀齊陳。他本作謀齊也

案下云荀林父帥師伐陳則此必齊陳兼謀不當無

陳字林氏直解云謀齊陳之不睦此説得之

十年傳諸侯之師戍鄭鄭子家卒。閣本闕諸侯之師

戍鄭鄭七字乃脱簡也

十一年傳使封人慮事註慮事無慮計功。案無慮二

字義似難曉故陸氏引廣雅以明之正義釋云無則

慮之詭則計功史書多有無慮之語皆謂揆度前事

是無慮二字確無可疑　殿本閣本改作謀慮反失

其舊

音義廣雅云無慮都凡也○案廣雅所謂都凡猶漢書趙充國註所謂大計也韓維詩書之遠寄龍山下云此僅止存都凡即此二字義　殿本閣本作都邑誤

反之可乎對曰可哉吾儕小人所謂取諸其懷而與之也○　殿本閣本無對字并無可哉二字案此對曰可哉句與反之可乎緊接與王曰可哉遙應乃左氏文法妙處當從原本爲善

春秋經傳集解宣公下第十一

盡十八年

經。十有二年春。葬陳靈公無傳。賊討國復。二十一月。然後得葬

楚子圍鄭十一年盟辰陵。而又徼事晉故

夏六月乙卯。晉荀林父帥師及楚子戰于邲。晉師敗績晉上軍成陳。故書戰。邲。鄭地。⊙邲扶必反。一音弼

秋七月。冬十有二月戊寅。楚子滅蕭蕭。宋附庸國。十二月無戊寅。戊寅。十一月九日

晉人。宋人。衛人。曹人。同盟于清丘晉衛背盟。故大夫稱人。宋華椒承羣僞之

言。以誤其國。宋雖有守信之善。而椒猶不免譏。清丘衛地。今在濮陽縣東南宋師伐陳。衛人救陳背清丘之盟

傳十二年春。楚子圍鄭。旬有七日。鄭人卜行成。不吉。卜臨于大宮。臨。哭也。大宮。鄭祖廟○臨力鴆反大音泰且巷出車。吉。出車於巷。示將見遷。不得安居國人大臨。守陴者皆哭。陴。城上僻倪。皆哭。所以告楚窮也。○陴音皮僻普計反倪音詣楚子退師。鄭人脩城。進復圍之。三月克之。哀其窮哭。故爲退師。而猶不服。故復圍之九十日。○復扶又反入自皇門。至于逵路。塗方

九軌曰逵鄭伯肉袒牽羊以逆肉袒牽羊。示服爲臣僕曰。孤不天不爲天所祐不能事君。使君懷怒以及敝邑。孤之罪也。敢不唯命是聽。其俘諸江南以實海濱。亦唯命。其翦以賜諸侯。使臣妾之。亦唯命。翦。削也若惠顧前好楚鄭世有盟誓之好徼福於厲宣桓武。不泯其社稷周厲王。宣王。鄭之所自出也。鄭桓公。武公。始封之賢君也。願楚要福于此四君。使社稷不滅。泯猶滅也。○泯。彌忍反使改事君。夷於九縣楚滅九國以爲縣。願得比之。○九縣莊十四年滅息。十六年滅鄧。僖五年滅弦。十二年滅黃。二十六年滅夔。文四年滅江。五年滅六。滅蓼。十六年滅庸君之惠也孤之願也非所敢望也敢布腹心君實圖之左右曰不可許也得國無赦王曰其君能下人必能信用其民矣庸可幾乎退三十里而許之平退一舍以禮鄭。○下遐嫁反幾音冀潘尪入盟子良出質潘尪楚大夫。子良鄭伯弟。○尪烏黃反質音致夏六月晉師救鄭荀林父將中軍代郤缺先縠佐之彘季。代林父士會將上軍河曲之役。郤缺將上軍。宣八年代趙盾為政。將中軍。士會代將

宣十二年

上軍。郤克佐之。（郤缺之子。代史駢。○（史）羊朱反。（駢）蒲邊反。）趙朔將下軍。（代欒盾。）欒書佐之。（欒盾之子。代趙朔。）趙括、趙嬰齊爲中軍大夫。（括、嬰齊皆趙盾異母弟。）鞏朔、韓穿爲上軍大夫。荀首、趙同爲下軍大夫。（荀首，林父弟。趙同，趙嬰兄。○（鞏）九勇反。）韓厥爲司馬。（韓萬玄孫。）及河，聞鄭既及楚平，桓子欲還，曰：無及於鄭而勦民，焉用之。（桓子，林父。勦，勞也。○（勦）初交反，又子小反。）楚歸而動，不後。（動兵伐鄭。）隨武子曰：善。（武子，士會。）會聞用師，觀釁而動。（釁，罪也。）德、刑、政、事、典禮不易，不可敵也，不爲是征。言征伐爲有罪，不爲有禮。○爲，去聲。楚軍討鄭，怒其貳而哀其卑，叛而伐之，服而舍之，德刑成矣。伐叛，刑也；柔服，德也。二者立矣。昔歲入陳，討徵舒。今茲入鄭，民不罷勞，君無怨讟，讟，謗也。○罷音皮。讟，徒木反。政有經矣。經，常也。荊尸而舉，荊，楚也。尸，陳也。楚武王始更爲此陳法，遂以爲名。○此陳，直覲反。商農工賈不敗其業，而卒乘輯睦，步曰卒，車曰乘。○賈音古。輯音集，又七入反。事不奸矣。奸，犯也。蔿敖爲宰，擇楚國之令典宰。令尹。蔿敖。孫叔敖。○蔿于委反軍行。右轅。左追蓐在車之右者。挾轅爲戰備。在左者。追求草蓐爲宿備。傳曰。令尹南轅。又曰。改乘轅。楚陳以轅爲主。○蓐音辱挾胡牒反。又古洽反前茅慮無慮無。如今軍行。前有斥候蹹伏。皆持以絳及白爲幡。見騎賊。舉絳幡。見步賊。舉白幡。備慮有無也。茅。明也。或曰時楚以茅爲旌識。○蹹徒臘反識申志反。一音志中權後勁中軍制謀。後以精兵爲殿。○殿丁練反百官象物而動軍政不戒而備物猶類也。戒。勑令能用典矣。其君之舉也。內姓選於親。外姓選於舊言親疏竝用舉不失德。賞不失勞。老有加惠（賜老則不計勞）旅有施舍（旅客來者施之以惠舍不勞役）君子小人物有服章（尊卑別也）貴有常尊賤有等威（威儀有等差）禮不逆矣德立刑行政成事時典從禮順若之何敵之見可而進知難而退軍之善政也兼弱攻昧武之善經也（昧昏亂經法也）子姑整軍而經武乎（姑且也）猶有弱而昧者何必楚仲虺有言曰取亂侮亡兼弱也（仲虺湯左相薛之祖奚仲之後○虺音卉）汋曰於鑠王師遵養時晦（汋詩頌篇名鑠美也）

言美武王能遵天之道。須暗昧者。惡積而後取之。○汋音酌於音烏鑠舒若反耆昧也。耆。致也。致討於昧。○耆音旨又音其武曰無競惟烈。武。詩頌篇名。烈業也。言武王兼弱取昧。故成無疆之業撫弱耆昧以務烈所。可也。言當務從武王之功業撫而取之○烈所絕句彘子曰不可。彘子先縠

晉所以霸。師武臣力也。今失諸侯。不可謂力。有敵而不從。不可謂武。由我失霸。不如死。且成師以出。聞敵彊而退。非夫也。非丈夫命爲軍帥而卒以非夫。唯羣子能。我弗爲也。以中軍

佐濟佐，彘子所帥也。濟，渡河。知莊子曰：此師殆哉。莊子，荀首。○知，音智。周易有之，在師䷆坎下坤上，師。之臨䷒兌下坤上，臨。師初六變而之臨。曰：師出以律，否臧，凶。此師卦初六爻辭。律，法。否，不也。○否，部鄙反，又方九反。執事順成爲臧，逆爲否。今彘子逆命，不順成，故應不臧之凶。衆散爲弱，坎爲衆，今變爲兌，兌柔弱。川壅爲澤，坎爲川，今變爲兌，兌爲澤，是川見壅。有律以如己也，如，從也。法行則人從法，法敗則法從人。坎爲法象，今爲衆則散，爲川則壅，是失法之用，從人之象。故曰律否臧，且律竭也。竭，敗也。坎變爲兌，是法敗。盈而以竭夭且不整所以凶也水遇夭塞不得整流則竭涸也○夭於表反不行之謂臨水變爲澤乃成臨卦澤不行之物有帥而不從臨孰甚焉此之謂矣譬彘子之違命亦不可行果遇必敗遇敵彘子尸之主此禍雖免而歸必有大咎爲明年晉殺先縠傳韓獻子謂桓子獻子韓厥曰彘子以偏師陷子罪大矣子爲元帥師不用命誰之罪也失屬亡師爲罪已重不如進也令鄭屬楚故曰失屬彘子以偏師陷故曰亡師事之不捷惡有所分捷成也與其

乾隆四十八年

專罪六人同之不猶愈乎三軍皆敗則六卿同罪不得獨責元帥師遂濟楚子北師次於郔郔鄭北地沈尹將中軍沈或作寢寢縣也今汝陰固始縣子重將左子反將右將飲馬於河而歸子反公子側飲於鴆反聞晉師既濟王欲還嬖人伍參欲戰參伍奢之祖父參七南反令尹孫叔敖弗欲曰昔歲入陳今茲入鄭不無事矣戰而不捷參之肉其足食乎參曰若事之捷孫叔爲無謀矣不捷參之肉將在晉軍可得

食乎。令尹南轅反旆迴車南鄉。旆。軍前大旗。○（旆）蒲貝反（鄉）許亮反伍參言於王曰。晉之從政者新。未能行令。其佐先縠剛愎不仁。未肯用命愎。很也。○（愎）皮逼反（很）胡墾反其三帥者。專行不獲欲專其所行而不得所聽而無上。衆誰適從聽彘子趙同趙括。則爲軍無上。令衆不知所從。○（適）丁歷反此行也。晉師必敗。且君而逃臣。若社稷何。王病之。告令尹。改乘轅而北之。次于管以待之。晉師在敖鄗之間滎陽京縣東北有管城。敖鄗二山。在滎陽縣西北。○（乘）繩證反殽五刀反鄗苦交反鄭皇戌使如晉師曰鄭之從楚社稷之故也未有貳心楚師驟勝而驕其師老矣而不設備子擊之鄭師爲承承繼也○戌雖律反楚師必敗彘子曰敗楚服鄭於此在矣必許之欒武子曰武子欒書○敗必邁反楚自克庸以來在文十六年其君無日不討國人而訓之討治也于民生之不易禍至之無日戒懼之不可以怠于曰也○易以豉反在軍無日不討軍實而申儆之軍實軍器○儆

敬領反于勝之不可保。紂之百克。而卒無後。訓之以若敖。蚡冒篳路藍縷。以啓山林。若敖。蚡冒。皆楚之先君。篳路。柴車。藍縷。敝衣。言此二君勤儉以啓土。○（蚡）扶粉反（篳）音必（藍）力甘反箴之曰。民生在勤。勤則不匱。不可謂驕。箴。誡先大夫子犯有言曰。師直爲壯。曲爲老。我則不德。而徼怨于楚。我曲楚直。不可謂老。不德。謂以力爭諸侯。徼。要也其君之戎。分爲二廣。君之親兵。○（廣）古曠反。下同廣有一卒。卒偏之兩十五乘爲一廣。司馬法。百人爲卒。二十五人爲兩。車十五乘爲大偏。今廣十五乘。亦用舊偏法。復以二十五人爲承副右廣初駕。數及日中。左則受之。以至于昏。內官序當其夜。內官。近官。序。次也。以待不虞。不可謂無備。子良。鄭之良也。師叔。楚之崇也。師叔。潘尫。爲楚人所崇貴師叔入盟。子良在楚。楚鄭親矣。來勸我戰。我克則來。不克遂往。以我卜也。鄭不可從。趙括趙同曰。率師以來。唯敵是求。克敵得屬。又何俟。必從彘子。得屬。服鄭知季曰。原屏。咎之徒也。知季。莊子也。原。趙同屏。趙括。徒。黨也。○知音智。荀首後爲知氏。屏步丁反。趙莊子曰。欒伯善哉莊子。趙朔。欒伯。武子。實其言。必長晉國實猶充也。言欒書之身。行能充此言。則當執晉國之政也。○長丁丈反。行下孟反。楚少宰如晉師少宰。官名。曰。寡君少遭閔凶。不能文閔。憂也。聞二先君之出入此行也二先君。楚成王。穆王。將鄭是訓定。豈敢求罪于晉。二三子無淹久淹。留也。隨季對曰。昔平王命我先君文侯曰。與鄭夾輔周室。毋廢王命。今鄭不率率。遵也。寡君使羣臣問諸鄭。

豈敢辱候人候人。謂伺候望敵者○伺音司。一息嗣反敢拜君命之辱。彘子以爲諂。使趙括從而更之曰。行人失辭言誤對寡君使羣臣遷大國之迹於鄭遷。徙也曰。無辟敵。羣臣無所逃命。楚子又使求成于晉。晉人許之。盟有日矣有期日楚許伯御樂伯。攝叔爲右。以致晉師單車挑戰。又示不欲崇和。以疑晉之羣帥○單音丹挑徒了反許伯曰。吾聞致師者。御靡旌摩壘而還靡旌。驅疾也。摩。近也。○摩末多反壘力軌反樂伯曰。吾聞致師者左射以菆左，車左也。菆，矢之善者。○射，食亦反，下同。菆，側留反。代御執轡，御下兩馬，掉鞅而還。兩，飾也。掉，正也。示閒暇。○兩，力掌反。或音亮。掉，徒弔反。又乃較反。鞅，於丈反。攝叔曰：吾聞致師者，右入壘，折馘，執俘而還。折馘，斷耳。○折，之設反。馘，古獲反。斷，音短。皆行其所聞而復。晉人逐之，左右角之。張兩角，從旁夾攻之。樂伯左射馬而右射人，角不能進，矢一而已。麋興於前，射麋麗龜。麗，著也。龜，背之隆高當心者。○麋，亡悲反。著，直略反。晉鮑癸當其後，使攝叔奉麋獻焉，曰：

以歲之非時獻禽之未至敢膳諸從者。鮑癸止之曰其左善射其右有辭君子也既免止。不復逐晉魏錡求公族未得錡。魏犨子。欲爲公族大夫。○錡魚綺反犨尺周反而怒欲敗晉師請致師弗許請使許之。遂往請戰而還楚潘黨逐之及熒澤見六麋。射一麋以顧獻曰子有軍事獸人無乃不給於鮮敢獻於從者熒澤在熒陽縣東。新殺爲鮮。見六得一。言其不如楚。○敗必邁反。又如字○射食亦反叔黨命去之叔黨。潘黨。潘尫之子趙旃求卿未得（旃，趙穿子）且怒於失楚之致師者請挑戰弗許請召盟許之與魏錡皆命而往郤獻子曰二憾往矣（獻子，郤克）弗備必敗彘子曰鄭人勸戰弗敢從也楚人求成弗能好也師無成命多備何爲士季曰備之善若二子怒楚楚人乘我喪師無日矣（乘猶登也）不如備之楚之無惡除備而盟何損於好若以惡來有備不敗且雖諸侯相見軍衛不徹警也（徹去也）彘子不可不肯設備士季使鞏朔韓穿帥七覆于敖前帥將也。覆，爲伏兵七處。覆扶又反，將如字故上軍不敗。趙嬰齊使其徒先具舟于河。故敗而先濟。潘黨既逐魏錡言魏錡見逐而退趙旃夜至於楚軍二人雖俱受命。而行不相隨。趙旃在後至席於軍門之外。使其徒入之布席坐。示無所畏也楚子爲乘廣三十乘。分爲左右。右廣雞鳴而駕。日中而說。說，舍也。說舒銳反。下同左則受之。日入而說。許偃御右廣。養由基爲右。彭名御左廣。

屈蕩爲右（楚王更迭載之。故各有御右。屈居勿反）乙卯。王乘左廣以逐趙旃。趙旃棄車而走林。屈蕩搏之。得其甲裳。（下曰裳。搏音博）晉人懼二子之怒楚師也。使軘車逆之。（軘車，兵車名。軘徒溫反）潘黨望其塵。使騁而告曰。晉師至矣。楚人亦懼王之入晉軍也。遂出陳。孫叔曰。進之。寧我薄人。無人薄我。詩云。元戎十乘。以先啓行。先人也。（元戎，戎車在前也。詩小雅。言王者軍行。必有戎車十乘。在前開道。先人爲備。騁勑景反。陳直覲反。先人，去聲。下同）

軍志曰先人有奪人之心薄之也奪敵戰心遂疾進師車馳卒奔乘晉軍桓子不知所為鼓於軍中曰先濟者有賞中軍下軍爭舟舟中之指可掬也兩手曰掬晉師右移上軍未動言餘軍皆移去惟上軍在經所以書戰言猶有陳工尹齊將右拒卒以逐下軍工尹齊楚大夫右拒陳名○拒音矩下同楚子使唐狡與蔡鳩居告唐惠侯二子楚大夫唐屬楚之小國義陽安昌縣東南有上唐鄉○狡古卯反曰不穀不德而貪以遇大敵不穀之罪

也。然楚不克。君之羞也。敢藉君靈。以濟楚師藉猶假借也使潘黨率游闕四十乘游車補闕者從唐侯以爲左拒。以從上軍。駒伯曰。待諸乎駒伯。郤克。上軍佐也隨季曰。楚師方壯。若萃於我。吾師必盡萃。集也不如收而去之。分謗生民。不亦可乎同奔爲分謗。不戰爲生民殿其卒而退。不敗以其所將卒爲軍後殿。○殿多練反王見右廣將從之乘。屈蕩戶之。曰。君以此始亦必以終戶。止。軍中易乘則恐軍人惑自是楚之乘廣先左以乘左得勝故晉人或以廣隊不能進廣。兵車。○隊直類反楚人惎之脫扃惎。教也。扃。車上兵蘭。○惎其器反。扃古熒反。服云。扃橫木校輪閒。一曰。車前橫木。西京賦云。旗不脫扃。薛綜云。扃所以止旗也少進馬還又惎之拔旆投衡乃出還。便旋不進。旆。大旗也。拔旗投衡上使不帆風。差輕。○帆凡劒反。本作帊音怕顧曰吾不如大國之數奔也趙旃以其良馬二濟其兄與叔父以他馬反遇敵不能去弃車而走林逢大夫與其二子乘逢。氏。○數音朔逢音龐。蜀本作逄謂其二子無顧不欲見趙旃顧曰趙傁在後傁老稱也○傁音叟怒之使下指木曰尸女於是授趙旃綏以免明日以表尸之表所指木取其尸○女音汝皆重獲在木下兄弟累尸而死○重平聲楚熊負羈囚知罃知莊子以其族反之負羈楚大夫知罃知莊子之子族家兵反還戰○罃於耕反還音環廚武子御武子魏錡下軍之士多從之知莊子下軍大夫故每射抽矢菆納諸廚子之房抽擢也菆好箭房箭舍○射食夜反又食亦反○菆側留反廚子怒曰非子之求而蒲之愛蒲楊柳可以爲箭董

澤之蒲可勝既乎董澤澤名河東聞喜縣東北有董池陂既盡也○勝音升知季曰不以人子吾子其可得乎吾不可以苟射故也射連尹襄老獲之遂載其尸射公子穀臣囚之以二者還穀臣楚王子○射食亦反及昏楚師軍於邲晉之餘師不能軍不能成營屯宵濟亦終夜有聲言其兵衆將不能用○將子匠反丙辰楚重至於邲重輜重也○重直勇反又直用反輜則其反遂次于衡雍潘黨曰君盍築武軍築軍營以彰武功○雍於用反而收晉尸

以爲京觀。積尸封土其上，謂之京觀。觀，古亂反，下京觀同。臣聞克敵必示子孫，以無忘武功。楚子曰：非爾所知也。夫文，止戈爲武。文字。武王克商，作頌曰：載戢干戈，載櫜弓矢。戢，藏也。櫜，韜也。詩美武王能誅滅暴亂而息兵。○戢，側立反。櫜，古刀反。我求懿德，肆于時夏，允王保之。肆，遂也。夏，大也。言武王既息兵，又能求美德，故遂大而信王保天下。○夏，戶雅反。又作武，其卒章曰：耆定爾功。武，頌篇名。耆，致也。言武王誅討，致定其功。○耆音旨。其三曰：鋪時繹思，我徂惟求定。其三，三篇。鋪，布也。繹，陳也。時。是也。思。辭也。頌美武王能布政陳教。使天下歸往求安定其六曰綏萬邦。屢豐年其六。六篇。綏。安也。屢。數也。言武王既安天下。數致豐年。此三六之數。與今詩頌篇次不同。蓋楚樂歌之次第夫武禁暴戢兵。保大。定功安民。和衆。豐財者也此武七德故使子孫無忘其章著之篇章。使子孫不忘今我使二國暴骨暴矣。觀兵以威諸侯。兵不戢矣。暴而不戢。安能保大。猶有晉在。焉得定功。所違民欲猶多。民何安焉。無德而强爭諸侯。何以和衆。利人之幾幾。危也。○暴骨。蒲卜反　焉得。於虔反　强其丈反　而安人之亂。以爲已榮。何以豐財　兵動則年荒　武有七德。我無一焉。何以示子孫。其爲先君宮告成事而已　祀先君。告戰勝　武非吾功也。古者明王伐不敬。取其鯨鯢而封之。以爲大戮。於是乎有京觀。以懲淫慝　鯨鯢大魚名。以喻不義之人。吞食小國。○鯨其京反　鯢五兮反　今罪無所　晉罪無所犯也　而民皆盡忠。以死君命。又可以爲京觀乎。祀于河。作先君宮。告成事而還　傳言楚莊有禮。所以遂興是役也。鄭石制實入楚師。將以分鄭而立公子魚臣。辛未。鄭殺僕叔及子服。僕叔。魚臣也。子服。石制也。君子曰。史佚所謂毋怙亂者。謂是類也。言恃人之亂以要利。佚音逸。怙音戶。要平聲。詩曰。亂離瘼矣。爰其適歸。詩小雅。離。憂也。瘼。病也。爰。於也。言禍亂憂病。於何所歸乎。歎之。瘼音莫。歸於怙亂者也夫。恃亂則禍歸之。夫音扶。鄭伯許男如楚。爲十四年晉伐鄭傳。秋。晉師歸。桓子請死。晉侯欲許之。士貞子諫曰。不可。貞子。士渥濁。渥於角反。城濮之役。晉師三曰穀在僖二十八年文公猶有憂色左右曰有喜而憂如有憂而喜乎言憂喜失時公曰得臣猶在憂未歇也歇盡也歇許竭反困獸猶鬬況國相乎及楚殺子玉子玉得臣公喜而後可知也喜見於顔色見賢遍反曰莫余毒也已是晉再克而楚再敗也楚是以再世不競成王至穆王今天或者大警晉也警戒也而又殺林父以重楚勝其無乃久不競乎林父之事君也進思盡忠退思補過社稷之

衛也。若之何殺之。夫其敗也。如日月之食焉。何損於明。晉侯使復其位。言晉景所以不失霸。重直用反

冬。楚子伐蕭。宋華椒以蔡人救蕭。蕭人囚熊相宜僚及公子丙。王曰。勿殺。吾退。蕭人殺之。王怒。遂圍蕭。蕭潰。申公巫臣曰。師人多寒。王巡三軍。拊而勉之。拊。撫慰勉之。潰戶內反拊芳甫反三軍之士皆如挾纊。纊。綿也。言說以忘寒。挾戶牒反纊音曠遂傅於蕭。還無社與司馬卯言號申叔展。還無社。蕭大夫。司馬卯。申

叔展。皆楚大夫也。無社素識叔展。故因卯呼之。○傳音附。還音旋。號戶到反。一戶刀反。叔展曰。有麥麴乎。曰無。有山鞠窮乎。曰無。麥麴鞠窮。所以禦濕。欲使無社逃泥水中。無社不解。故曰無。軍中不敢正言。故謬語。○麴去六反。鞠起弓反。河魚腹疾奈何。叔展言無禦濕藥。將病。曰目於眢井而拯之。無社意解。欲入井。故使叔展視虛廢井而求拯。已出溺為拯。○眢烏丸反。廢井也。字林云。井無水也。若為茅絰。哭井則已。叔展又教結茅以表井。須哭乃應。以為信。○絰直結反。已音紀。舊音以。明日蕭潰。申叔視其井。則茅絰存焉。號而出之。號。哭也。傳言蕭人無守心。○號戶刀反晉原縠、宋華椒、衛孔達、曹人同盟于清丘。原縠，先縠。曰：「恤病討貳。」於是卿不書，不實其言也。宋伐陳，衛救之，不討貳也。楚伐宋，晉不救，不恤病也。宋爲盟故，伐陳。陳貳於楚故。衛人救之。孔達曰：「先君有約言焉，若大國討，我則死之。」衛成公與陳共公有舊好，故孔達欲背盟救陳，而以死謝晉。爲十四年衛殺孔達傳。○約，於妙反，又如字。

經十有三年春，齊師伐莒。夏，楚子伐宋。秋，螽。無傳。爲災故書。冬，晉殺其大夫先縠。書名，以罪討。

傳十三年春齊師伐莒莒恃晉而不事齊故也夏楚子伐宋以其救蕭也救蕭在前年君子曰清丘之盟唯宋可以免焉宋討陳之貳今宋見伐晉衞不顧盟以恤宋而經同貶宋大夫傳嫌華椒之罪累及其國故曰唯宋可以免秋赤狄伐晉及清先縠召之也邲戰不得志故召狄欲爲變清一名清原冬晉人討邲之敗與清之師歸罪於先縠而殺之盡滅其族君子曰惡之來也已則取之其先縠之謂乎盡滅其族爲誅已甚故曰惡之來也清丘之盟

晉以衛之救陳也討焉尋清丘之盟以責衛使人弗去。曰罪無所歸將加而師孔達曰苟利社稷請以我說欲自殺以說晉○說如字又音悅以說音悅又如字罪我之由。我則為政而亢大國之討將以誰任亢禦也謂禦宋討陳也○任音壬我則死之為明年殺孔達傳

經十有四年春衛殺其大夫孔達書名背盟干大國罪之夏五月壬申曹伯壽卒無傳文十四年盟新城晉侯伐鄭秋九月楚子圍宋葬曹文公無傳冬公孫

歸父會齊侯于穀

傳十四年春孔達縊而死衞人以說于晉而免以殺告故免于伐○縊一賜反遂告于諸侯曰寡君有不令之臣達構我敝邑于大國既伏其罪矣敢告諸殺大夫亦皆告衞人以爲成勞復室其子以有平國之功故以女妻之○復扶又反使復其位襲父祿位夏晉侯伐鄭爲邲故也晉敗於邲鄭遂屬楚告於諸侯蒐焉而還蒐簡閱車馬○蒐所留反中行桓子之謀也曰示之以整使

謀而來。鄭人懼。使子張代子良于楚。十一年子良質於楚。子張。穆公孫。○行音杭。質音致。鄭伯如楚。謀晉故也。鄭以子良爲有禮。故召之。有讓國之禮。楚子使申舟聘于齊。曰無假道于宋。申舟無畏。亦使公子馮聘于晉。不假道于鄭。申舟以孟諸之役惡宋。文十年楚子田孟諸。無畏抶宋公僕。○馮皮冰反。惡去聲。抶勑乙反。曰。鄭昭宋聾。昭明也。聾闇也。晉使不害。我則必死。王曰。殺女我伐之。見犀而行。犀。申舟子。以子託王。示必死。○使所吏反。及宋。宋人止之華元曰過我而不假道鄙我也鄙我亡也以我比其邊鄙是與亡國同○過如字又平聲殺其使者必伐我伐我亦亡也亡一也乃殺之楚子聞之投袂而起投振也袂袖也屨及於窒皇窒皇寢門闕○窒直結反劍及於寢門之外車及於蒲胥之市秋九月楚子圍宋冬公孫歸父會齊侯于穀見晏桓子與之言魯樂桓子告高宣子桓子晏嬰父宣子高固○樂音洛曰子家其亡乎懷於魯矣子家歸父字懷思也懷必貪貪

必謀人。謀人。人亦謀己。一國謀之。何以不亡爲十八年歸父奔齊傳孟獻子言於公曰。臣聞小國之免於大國也。聘而獻物。物。玉帛皮幣也。於是有庭實旅百。主人亦設籩豆百品。實於庭以答賓。朝而獻功。獻其治國若征伐之功於牧伯。於是有容貌采章。嘉淑而有加貨。容貌。威儀容顏也。采章。車服文章也。嘉淑。令辭稱讚也。加貨。命宥幣帛也。言往共。則來報亦備。謀其不免也。誅而薦賄。則無及也。薦。進也。見責而往。則不足解罪今楚在宋。君其圖之。公說。爲明年歸父會楚子傳經。十有五年。春。公孫歸父會楚子于宋。夏。五月。宋人及楚人平。平者。揔言二國和。故不書其人六月。癸卯。晉師滅赤狄潞氏。以潞子嬰兒歸潞。赤狄之別種。潞氏國。故稱氏。子爵也。林父稱師。從告秦人伐晉無傳王札子殺召伯毛伯稱殺者名。兩下相殺之辭。兩下相殺則稱殺者有罪。王札子。王子札也。蓋經文倒札字。○札側八反。召上照反秋。螽無傳仲孫蔑會齊高固于無婁無傳。無婁杞邑初稅畝公田之法。十取其一。今又履其餘畝。復十收其一。故哀公曰。二吾猶不足。遂以爲常。故曰初冬。蝝生螽子以冬生。遇寒而

死。故不成螽。○蝝悅全反。字林尹絹反饑風雨不和。五稼不豐

傳十五年春。公孫歸父會楚子于宋終前年傳宋人使樂嬰齊告急于晉。晉侯欲救之。伯宗曰。不可伯宗。晉大夫古人有言曰。雖鞭之長。不及馬腹言非所擊天方授楚。未可與爭。雖晉之彊。能違天乎。諺曰。高下在心度時制宜川澤納汙受汙濁。○汙音烏山藪藏疾山之有林藪。毒害者居之瑾瑜匿瑕匿亦藏也。雖美玉之質。亦或居藏瑕穢。○瑾其靳反。瑜羊朱反國君含垢忍垢恥天之

宣十五年

道也晉侯恥不救宋故伯宗爲說小惡不損大德之喻君其待之待楚衰乃止使解揚如宋使無降楚曰晉師悉起將至矣鄭人囚而獻諸楚楚子厚賂之使反其言反言晉不救不許三而許之登諸樓車使呼宋人而告之樓車車上望櫓遂致其君命楚子將殺之使與之言曰爾既許不穀而反之何故非我無信女則弃之速即爾刑對曰臣聞之君能制命爲義臣能承命爲信信載義而行之

爲利謀不失利以衞社稷民之主也義無二信欲爲義者不行兩信信無二命欲行信者不受二命君之賂臣不知命也受命以出有死無霣霣廢隊也○霣于敏反又可賂乎臣之許君以成命也成其君命死而成命臣之祿也寡君有信臣已不廢命下臣獲考考成也死又何求楚子舍之以歸夏五月楚師將去宋在宋積九月不能服宋故申犀稽首於王之馬前曰毋畏知死而不敢廢王命王棄言焉王不能

荅未服宋而去。故曰弃言申叔時僕僕。御也曰。築室反耕者。宋必聽命。從之築室於宋。分兵歸田。示無去志。亟從其言宋人懼。使華元夜入楚師。登子反之牀。起之曰。寡君使元以病告兵法。因其鄉人而用之。必先知其守將。左右謁者門者舍人之姓名。因而利道之。華元蓋用此術。得以自通。曰。敝邑易子而食。析骸以爨爨。炊也。析思歷反骸戶皆反雖然城下之盟有以國斃。不能從也寧以國斃。不從城下盟去我三十里。唯命是聽。子反懼。與之盟。而告王。退三十里。

宋及楚平。華元爲質。盟曰。我無爾詐。爾無我虞。楚不詐宋。宋不備楚。盟不書。不告。○質音致潞子嬰兒之夫人。晉景公之姊也。酆舒爲政而殺之。又傷潞子之目。酆舒。潞相。晉侯將伐之。諸大夫皆曰。不可。酆舒有三儁才。儁。絶異也。言有才藝勝人者三。○儁音俊不如待後之人。伯宗曰。必伐之。狄有五罪。儁才雖多。何補焉。不祀。一也。耆酒。二也。弃仲章而奪黎氏地。三也。仲章。潞賢人也。黎氏。黎侯國。上黨壺關縣有黎亭。○耆市志反虐我伯姬。四也。傷其君目。五也。怙其雋才。而不以茂德。茲益罪也。後之人。或者將敬奉德義。以事神人。而申固其命（審其政令）若之何待之。不討有罪。曰將待後。後有辭而討焉。毋乃不可乎。夫恃才與衆。亡之道也。商紂由之。故滅也（由。用也）天反時爲災（寒暑易節）地反物爲妖（羣物失性）民反德爲亂。亂則妖災生。故文。反正爲乏（文字）盡在狄矣。晉侯從之。六月。癸卯。晉荀林父敗赤狄于曲梁。辛亥。滅潞。曲梁。今廣平曲梁縣也。書癸卯。從赴。酆舒奔衛。衛人歸諸晉。晉人殺之。王孫蘇與召氏。毛氏。爭政。三人皆王卿士。使王子捷殺召戴公。及毛伯衛。王子捷。即王札子。卒立召襄。襄。召戴公之子。秋。七月。秦桓公伐晉。次于輔氏。晉地。壬午。晉侯治兵于稷。以略狄土。略。取也。稷。晉地。河東聞喜縣西有稷山。壬午。七月二十九日。晉時新破狄。土地未安。權秦師之弱。故別遣魏顆距秦。而東行定狄地。立黎侯而還。狄奪其地。故晉復立之。及雒。魏顆敗秦師于輔氏。晉侯還及雒也。雒晉地獲杜回秦之力人也初魏武子有嬖妾無子武子疾命顆曰必嫁是武子魏犨顆之父疾病則曰必以爲殉及卒顆嫁之曰疾病則亂吾從其治也及輔氏之役顆見老人結草以亢杜回亢禦也杜回躓而顛故獲之夜夢之曰余而所嫁婦人之父也而女也躓陟吏反又丁四反爾用先人之治命余是以報傳舉此以示教晉侯賞桓子狄臣千室千家亦賞士伯以瓜衍之縣士伯士貞子曰吾

獲狄士子之功也。微子。吾喪伯氏矣伯。桓子字。邲之敗。晉侯將殺林父。士伯諫而止。羊舌職說是賞也職。叔向父。○〔說〕音悅曰周書所謂庸庸祗祗者謂此物也夫周書康誥。庸。用也。祗。敬也。物。事也。言文王能用可用。敬可敬士伯庸中行伯言中行伯可用君信之亦庸士伯此之謂明德矣文王所以造周不是過也故詩曰陳錫哉周能施也錫。賜也。詩大雅。言文王布陳大利以賜天下。故能載行周道。福流子孫。○〔施〕式豉反率是道也其何不濟。晉侯使趙同獻狄俘于

周不敬。劉康公曰。不及十年。原叔必有大咎

劉康公。王季子也。原叔。趙同也天奪之魄矣心之精爽。是謂魂魄。爲成八年晉殺趙同傳初稅畝。非禮也。穀出不過藉周法。民耕百畝。公田十畝。借民力而治之。稅不過此以豐財也。冬。蝝生。饑。幸之也蝝未爲災。而書之者。幸其冬生。不爲物害。時歲雖饑。猶喜而書之

經。十有六年。春。王正月。晉人滅赤狄甲氏及留吁甲氏。留吁。赤狄別種。晉既滅潞氏。今又并盡其餘黨。士會稱人。從告夏。成周宣榭火傳例曰。人火之也。成周。洛陽。宣榭。講武屋。別在洛陽者。爾雅曰。無室

曰榭。謂屋歇前秋。郯伯姬來歸。冬。大有年。無傳。郯音談

傳。十六年。春。晉士會帥師滅赤狄甲氏。及留吁。鐸辰。鐸辰不書。留吁之屬。三月。獻狄俘。獻于王也。晉侯請于王。戊申。以黻冕命士會將中軍。且爲大傅。代林父將中軍。且加以大傅之官。黻冕命卿之服。大傅。孤卿於是晉國之盜逃奔于秦。羊舌職曰。吾聞之。禹稱善人。稱舉也不善人遠。此之謂也。夫詩曰。戰戰兢兢。如臨深淵。如履薄冰。善人在上也。言善人居位。則無不戒懼

○遠于萬反善人在上則國無幸民諺曰民之多幸國之不幸也是無善人之謂也夏成周宣榭火人火之也凡火人火曰火天火曰災秋郯伯姬來歸出也爲毛召之難故王室復亂毛召難在前年○爲于僞反王孫蘇奔晉晉人復之毛召之黨欲討蘇氏故出奔冬晉侯使士會平王室定王享之原襄公相禮原襄公周大夫相佐也○相息亮反殽烝烝升也升殽於俎武子私問其故享當體薦而殽烝故怪問之武士會謚季其字王

聞之。召武子曰。季氏而弗聞乎。王享有體薦享則半解其體而薦之。所以示共儉宴有折俎體解節折。升之於俎。物皆可食。所以示慈惠也。○折之設反公當享卿當宴王室之禮也公。謂諸侯武子歸而講求典禮以脩晉國之法傳言典禮之廢久

經十有七年春王正月庚子。許男錫我卒無傳。再與文同盟。○錫星歷反丁未蔡侯申卒無傳。未同盟而赴以名。丁未。三月四日夏葬許昭公無傳葬蔡文公無傳六月癸卯。

口有食之（無傳。不書朔，官失之）己未，公會晉侯、衛侯、曹伯、邾子，同盟于斷道。（斷道，晉地。○斷，直管反，又音短）秋，公至自會。（無傳）冬，十有一月壬午，公弟叔肸卒。（傳例曰：公母弟。○肸，許乙反）

傳十七年春，晉侯使郤克徵會于齊。（徵，召也。欲爲斷道會）齊頃公帷婦人使觀之。郤子登，婦人笑於房。（跛而登階，故笑之。○頃音傾）獻子怒，出而誓曰：所不此報，無能涉河。（不復渡河而東）獻子先歸，使欒京廬待命于齊曰不得齊事無復命矣欒京廬郤克之介使得齊之罪乃復命○廬音盧又音閭郤子至請伐齊晉侯弗許請以其私屬又弗許私屬家衆也爲成二年戰于鞌傳○鞌音安齊侯使高固晏弱蔡朝南郭偃會晏弱桓子○朝如字及歛盂高固逃歸聞郤克怒故○歛音廉又力漸反夏會于斷道討貳也盟于卷楚卷楚即斷道○卷音權又音捲辭齊人晉人執晏弱于野王執蔡朝于原執南郭偃于温執三子不書非卿野王縣今屬河內苗賁皇使見晏桓子

賁皇。楚鬭椒之子。楚滅鬭氏而奔晉。食邑于苗地。晏弱時在野王。故因使而見之。○賁扶云反　使所吏反歸言於晉侯曰。夫晏子何罪。昔者諸侯事吾先君。皆如不逮言汲汲也。○逮音代。或大計反舉言羣臣不信。諸侯皆有貳志舉亦皆也齊君恐不得禮不見禮待故不出而使四子來。左右或沮之沮。止也。○沮在呂反曰。君不出。必執吾使。故高子及斂盂而逃。夫三子者曰。若絕君好。寧歸死焉。爲是犯難而來。吾若善逆彼彼。齊三人以懷來者。吾又執之以信。齊沮。吾不旣過矣乎。過而不改。而又久之以成其悔。何利之有焉。使反者得辭反者。高固。謂得不當來之辭而害來者。以懼諸侯。將焉用之。晉人緩之。逸。緩。不拘執。使得逃去也。傳言晉不能脩禮。諸侯所以貳

秋八月。晉師還。范武子將老。老。致仕。初受隨。故曰隨武子。後更受范。復爲范武子召文子曰。燮乎。吾聞之。喜怒以類者鮮。文子。士會之子。燮其名。○燮。素協反易者實多。易。還怒也詩曰。君子如怒。亂庶遄沮。君子如祉。亂庶遄已。詩小

雅也。遄。速也。沮。止也。祉。福也。○遄市專反君子之喜怒。以已亂也。弗已者必益之。郤子其或者欲已亂於齊乎。不然。余懼其益之也。余將老使郤子逞其志。庶有豸乎豸。解也。欲使郤子從政。快志以止亂。○豸直是反。或居牛反。非爾從二三子。唯敬二三子。晉諸大夫乃請老。郤獻子爲政。冬。公弟叔肸卒。公母弟也。凡大子之母弟。公在曰公子。不在曰弟以兄爲尊凡稱弟皆母弟也此策書之通例也。庶弟不得稱公弟。而母弟或稱公子。若嘉好之事。則仍舊史之文。

惟相殺害。然後據例以示義。所以篤親親之恩。崇友于之好。釋例論之備矣

經。十有八年。春。晉侯衞世子臧伐齊。公伐杞無傳夏。四月。秋。七月。邾人戕鄫子于鄫。傳例曰。自外曰戕。邾大夫就鄫殺鄫子。○戕在良反。又在精反。鄫才陵反甲戌。楚子旅卒未同盟而赴以名。吳楚之葬。僭而不典。故絕而不書。同之夷蠻。以懲求名之僞公孫歸父如晉。冬。十月。壬戌。公薨于路寢。歸父還自晉。至笙。遂奔齊大夫還不書。春秋之常也。今書歸父還還奔。善其能以禮退。不書族者。非常所及。今特書。略之。笙。魯竟外。故不言出。○笙音生。又勑貞反。案後音

宣十七年

是依二傳文

傳十八年春晉侯衛大子臧伐齊至于陽穀齊侯會晉侯盟于繒以公子彊爲質于晉晉師還蔡朝南郭偃逃歸晉既與齊盟守者解緩故得逃○繒才陵反夏公使如楚乞師欲以伐齊公不事齊齊與晉盟故懼而乞師于楚不書微者行秋邾人戕鄫子于鄫凡自虐其君曰弒自外曰戕弒戕皆殺也所以別內外之名弒者積微而起所以相測量非一朝一夕之漸戕者卒暴之名楚莊王卒楚師不出既

而用晉師成二年戰于鞌是楚於是乎有蜀之役在成二年冬。蜀。魯地。泰山博縣西北有蜀亭公孫歸父以襄仲之立公也有寵歸父。襄仲子欲去三桓以張公室時三桓強。公室弱。故欲去之。以張大公室。○去起呂反。張如字。一陟亮反與公謀而聘于晉。欲以晉人去之。冬。公薨。季文子言於朝曰。使我殺適立庶以失大援者。仲也夫適謂子惡。齊外甥。襄仲殺之。而立宣公。南通於楚。既不能固。又不能堅事齊晉。故云失大援也。○適丁歷反臧宣叔怒曰。當其時不能治也。後之人何罪。子欲去之。許請去之宣叔。文仲子。武仲父。許其名也。時爲司寇。主行刑。言子自以歸父害己。欲去者。許請爲子去之遂逐東門氏襄仲居東門。故曰東門氏子家還及笙子家。歸父字壇帷復命於介除地爲壇而張帷。介。副也。將去。使介反命於君。○壇音善既復命袒括髮以麻約髮即位哭三踊而出依在國喪禮設哭位。公薨故遂奔齊。書曰歸父還自晉。善之也

春秋經傳集解宣公下第十一

相臺岳氏刻梓荊谿家塾

宣十八年

舉人臣吳鼎颺敬書

春秋卷十一考證

十二年傳夷于九縣音義莊十四年滅息十六年滅鄧○案莊六年鄧三甥請殺楚子祁侯弗許還年楚伐鄧十六年滅之是六年伐鄧而非滅鄧滅鄧明在十六年 殿本因十六年經傳無明文改作莊六年滅鄧而序十四年滅息句于下恐失經典釋文之舊

王見右廣將從之乘屈蕩戶之○戶彙纂定本閣本坊本俱作尸案漢書樊噲傳詔戶者毋得入羣臣王嘉傳坐戶殿門失闌免唐書李紳傳擊大毬戶官道車馬不敢前皆與杜註訓止意同顧炎武曰古人以守

戶之人謂之戶者取其能止人也則原本戶字非誤

楚人惎之脫扃註扃車上兵蘭○兵蘭諸本並作兵闌案孔疏橫木車前以約車上兵器則闌字義亦通但管子小匡篇輕罪入蘭盾鞈革二戟註蘭即所謂蘭錡兵架也原本作兵蘭似更有據

音義服云扃橫木校輪間○ 殿本閣本校作投疏亦云有橫木投于輪間案軍部有闌格者曰校漢司隸校尉城門校尉是也遮木以闌禽獸亦曰校漢成帝紀大校獵是也且下疏又云橫木車前以約兵器似取闌格之義則從原本校字爲優

若爲茅經註叔展又教結茅以表井○教　殿本閣本作欲訛叔展因廢井甚多不可知處故授無社以計令結茅爲經置諸井上是則叔展教之而非叔展欲之明甚

十五年傳壬午晉侯治兵于稷註壬午七月二十九日○七月　殿本閣本作十月非秦伐晉在七月晉侯以秦師爲弱故遣魏顆距之已則東行定狄同在一月中事何得遲至十月且十月二十九乃辛亥非壬午當從原本

爾用先人之治命○用字下唐石經有而字案而猶汝

也

十六年傳爲毛名之難故註毛名難在前年○他本作毛伯難在前年非傳既明言毛名之難似不得專指毛伯